DEIN COACH ZUM ERFOLG!

Dein ActiveBook auf My**STARK**:

Du kannst auf alle digitalen Inhalte (Prüfung 2022, interaktive Aufgaben, Videos, „MindCards“) online zugreifen. Registriere dich dazu unter **www.stark-verlag.de/mystark** mit deinem **persönlichen Zugangscode:**

C05552-003110

Die Inhalte dieser Auflage stehen bis Schuljahresende zur Verfügung.

MySTARK

Das Active**Book** *bietet dir:*

- Lernvideos zum Umgang mit Textaufgaben
- Interaktive Aufgaben zu sprachlichen Grundlagen
- Web-App mit hilfreichen Wendungen

DEIN COACH ZUM ERFOLG!

So kannst du interaktiv lernen:

Interaktive Aufgaben

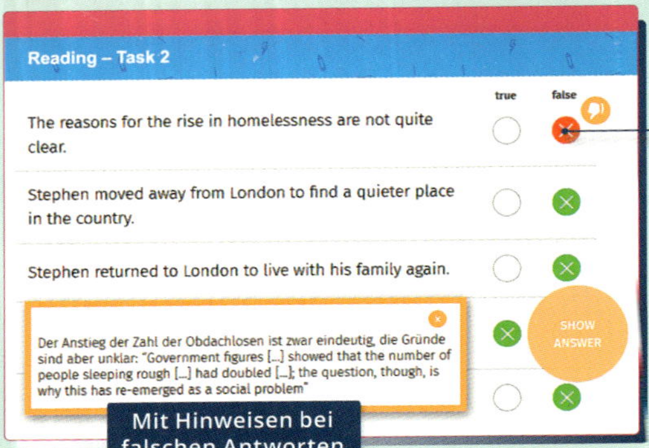

Sofortige Ergebnisauswertung

Mit Hinweisen bei falschen Antworten

Lernvideos

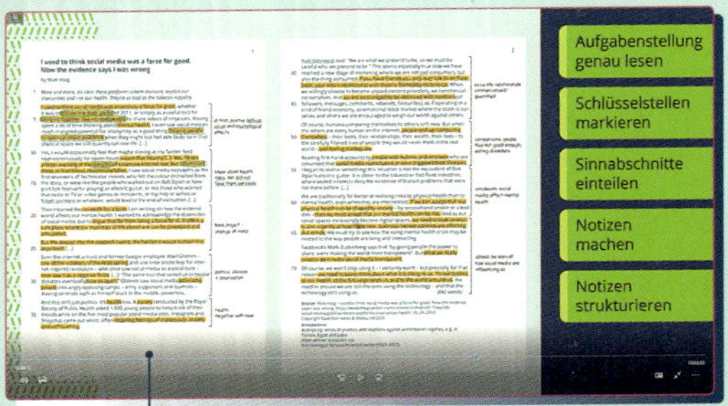

Step-by-Step Hinführung an typische Textaufgaben

Web-App „MindCards"

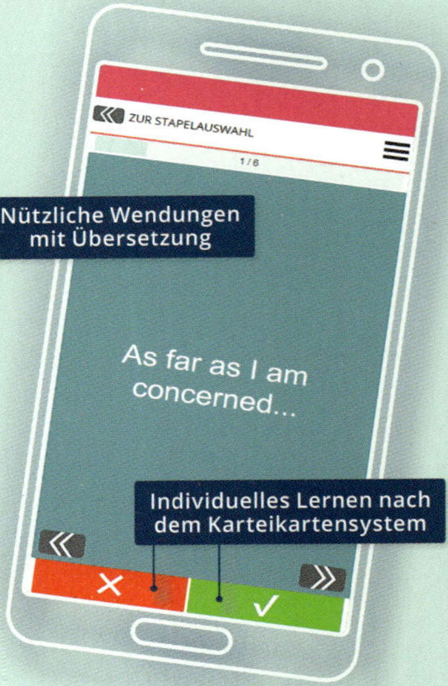

Nützliche Wendungen mit Übersetzung

Individuelles Lernen nach dem Karteikartensystem

Systemvoraussetzungen:

- Mindestens 1024×768 Pixel Bildschirmauflösung
- Chrome, Firefox oder ähnlicher Webbrowser
- Adobe Reader oder kompatibler anderer PDF-Reader
- Internetzugang

Speaking

Writing

2023

Abitur

Original-Prüfungsaufgaben mit Lösungen

Gymnasium · Gesamtschule NRW

Englisch GK

STARK

15. neu bearbeitete und ergänzte Auflage
www.stark-verlag.de

Inhalt

Zentrale Abitur-Prüfungsaufgaben

Autorin

Birgit Holtwick (Hinweise und Tipps, Übungsaufgaben, Lösungen zu den zentral gestellten Prüfungsaufgaben)

Vorwort

Liebe Schülerinnen, liebe Schüler,

mithilfe der folgenden Informationen, Aufgaben und Lösungen haben Sie verschiedene Möglichkeiten, sich auf das Abitur im Fach Englisch vorzubereiten:

- Der erste Teil des Buches enthält viele **Hinweise und Tipps** zur schriftlichen und mündlichen Abiturprüfung im Fach Englisch. Ich empfehle Ihnen, diese Seiten als Erstes zu lesen. Am Ende des Kapitels finden Sie zudem auch weitere Hinweise, wie Sie sinnvoll und gewinnbringend mit diesem Band arbeiten können.
- Im zweiten Teil finden Sie fünf **Übungsaufgaben** im Stil der **schriftlichen Abiturprüfung**, genau abgestimmt auf die **aktuellen Vorgaben**. Die dazugehörigen **Lösungsvorschläge** sind jeweils in drei Stufen aufgebaut. Zunächst erhalten Sie einige Denkanregungen und allgemeine Informationen zur jeweiligen Teilaufgabe. Danach finden Sie Stichworte, die wesentliche Lösungsaspekte benennen. Erst in einem dritten Schritt finden Sie die ausformulierte Musterlösung. So können Sie selbst entscheiden, wie viel Hilfe Sie bei der Bearbeitung der Aufgaben brauchen. Danach folgen zwei Beispiele für **mündliche Prüfungen** inkl. Erwartungshorizont.
- Im Anschluss folgen **Original-Prüfungsaufgaben** der letzten Jahre. Beachten Sie, dass sich diese Aufgaben von den aktuellen Abituraufgaben leicht unterscheiden. Trotz der Änderungen eignen sie sich weiterhin sehr gut dazu, die Kompetenzbereiche Leseverstehen und Schreiben sowie Mediation einzuüben.
- Lernen Sie gerne am PC, Tablet oder Smartphone? Auf den nächsten Seiten finden Sie Hinweise zu den digitalen Zusätzen zu diesem Band.

Verwenden Sie das Buch ganz nach Ihren individuellen Bedürfnissen. Eine Hilfe dabei ist das ausführliche Inhaltsverzeichnis, aus dem Sie neben den behandelten Themen auch die Schwerpunkte der Analyseaufgabe oder die geforderten Zieltextformate ablesen können. So finden Sie leicht die Aufgabentypen, die Sie noch üben möchten.

Sollten nach Erscheinen dieses Bandes noch wichtige Änderungen im Zentralabitur vom Ministerium für Schule und Bildung in NRW bekannt gegeben werden, finden Sie Informationen dazu auf der Plattform MyStark (Zugangscode vgl. Farbseiten).

Schon jetzt wünsche ich Ihnen viel Erfolg bei Ihren zentralen Abiturprüfungen!

Birgit Holtwick

Hinweise zu den digitalen Zusätzen

Auf alle digitalen Zusätze können Sie online über die Plattform **MyStark** zugreifen. Ihren persönlichen Zugangscode finden Sie auf den Farbseiten vorne im Buch.

PDF der Original-Prüfungsaufgaben 2022

Um Ihnen die Prüfung 2022 schnellstmöglich zur Verfügung stellen zu können, bringen wir sie in digitaler Form heraus. Sobald die Original-Prüfungsaufgaben 2022 freigegeben sind, können Sie sie als PDF auf der Plattform MyStark herunterladen.

Lernvideos

Textaufgaben sind Teil vieler Prüfungen und Klausuren – und machen oft einen Großteil der Prüfungsleistung aus. Mithilfe der **Lernvideos zum richtigen Umgang mit Textaufgaben** können Sie sich optimal auf die Anforderungen in diesem Bereich vorbereiten. Am Beispiel von zwei Texten mit je drei Aufgabenstellungen wird gezeigt, wie man an eine Textaufgabe herangeht und sie erfolgreich löst.

Die Lernvideos beinhalten:

- **Schritt-für-Schritt-Anleitungen** zum richtigen Vorgehen in der Prüfung
- **Sachtext** und **literarischer Text** als Grundlage
- nützliche Hinweise zu **häufigen Operatoren** und **Zieltextsorten**

Interaktive Aufgaben – „ActiveBook“

Im **ActiveBook „Basic Language Skills“** erhalten Sie Zugriff auf zahlreiche **interaktive Aufgaben** zu Grundlagen wie **Hörverstehen**, **Leseverstehen** und **Sprachverwendung im Kontext**. Dies sind ganz wichtige „Basics“, die Sie für eine gute Sprachbeherrschung brauchen.

Das ActiveBook „Basic Language Skills“ bietet Ihnen:

- „**Listening**“ – authentische Hörtexte mit vielfältigen Aufgaben, die Ihr Hörverstehen testen
- „**Reading**“ – abwechslungsreiche Lesetexte und dazugehörige Aufgaben

ActiveBook Interaktives Training

- „**English in Use**“ mit gemischten Aufgaben rund um den Gebrauch der englischen Sprache
- Alle Aufgaben sind interaktiv, d. h., Sie können sie direkt am PC oder Tablet bearbeiten und erhalten sofort eine Rückmeldung zu Ihren Antworten.

Web-App „MindCards“

Mit der Web-App „**MindCards**“ können Sie am Smartphone Vokabeln lernen. Auf diesen interaktiven Karteikarten finden Sie hilfreiche Wendungen, die Sie beim Schreiben von Texten oder im mündlichen Sprachgebrauch einsetzen können.
Scannen Sie einfach die QR-Codes oder verwenden Sie folgende Links, um zu den „MindCards“ zu gelangen:
https://www.stark-verlag.de/mindcards/writing-2
https://www.stark-verlag.de/mindcards/speaking-2

Writing

Speaking

Hinweise und Tipps zum Zentralabitur 2023

Schriftliche Abiturprüfung

Die zentrale Abiturprüfung in NRW

In NRW findet die Abiturprüfung in allen schriftlichen Fächern in Form des Zentralabiturs statt. Das bedeutet, dass die Aufgaben für alle Fächer einheitlich vom Ministerium für Schule und Bildung (MSB) gestellt und jeweils am selben Tag und zur selben Zeit von den Prüflingen bearbeitet werden.

In der Abiturprüfung 2023 werden Ihnen im Fach Englisch voraussichtlich **zwei Prüfungsvorschläge** unterbreitet, von denen Sie selbst einen zur Bearbeitung auswählen. Jeder Prüfungsvorschlag besteht aus folgenden beiden Teilen:
- A: Leseverstehen und Schreiben (integriert)
- B: Sprachmittlung (isoliert)

In Klausurteil A wird Ihnen als Textgrundlage entweder ein literarischer Text oder ein Sachtext vorgelegt. In den Aufgabensets, aus denen Sie auswählen sollen, kommen beide Textsorten (literarischer Text oder Sachtext) vor. In Klausurteil B bildet stets ein deutschsprachiger Sachtext die Grundlage der Mediationsaufgabe.

Die Abiturvorbereitung im Englischunterricht stützt sich auf den Kernlehrplan, in dem insbesondere die Ziele des Englischunterrichts festgelegt sind. Diese sind untergliedert in die Kompetenzbereiche:
- funktionale kommunikative Kompetenz (z. B. Leseverstehen, Schreiben, Sprachmittlung)
- interkulturelle kommunikative Kompetenz
- Text- und Medienkompetenz
- Sprachlernkompetenz
- Sprachbewusstheit

Innerhalb des Kompetenzbereiches „interkulturelle kommunikative Kompetenz" werden auch die Themenfelder, mit denen Sie sich in der Qualifikationsphase auseinandersetzen müssen, definiert. Zusätzlich werden die Themenfelder für jeden Abiturjahrgang weiter konkretisiert, für die Abiturprüfung 2023 sind dies folgende Themen:

Alltagswirklichkeiten und Zukunftsperspektiven junger Erwachsener:

Ein Themenfeld im Lehrplan umfasst verschiedene Lebensentwürfe, das Studium, die Ausbildung und den Beruf – insbesondere auf internationaler Ebene – sowie Englisch in seiner Funktion als *lingua franca*. Für das Abitur wird hier ein Fokus auf die Bereiche **Studieren und Arbeiten in der globalisierten Welt** gesetzt.

Politische, soziale und kulturelle Wirklichkeiten:

- **Das Vereinigte Königreich im 21. Jh. – Selbstverständnis zwischen Tradition und Wandel**
  Bei Großbritannien liegt der thematische Schwerpunkt auf den **Traditionen und Veränderungen in Politik und Gesellschaft**. Dies bezieht sich insbesondere auf die Stellung des Vereinigten Königreichs innerhalb Europas.
- **Amerikanischer Traum – Visionen und Lebenswirklichkeiten in den USA**
  Hier liegt der Fokus auf den Themen **Freiheit und Gleichheit** und darauf, inwiefern es sich hierbei um **Mythen** handelt, d. h. inwieweit die Ideale in den USA in der **Realität** umgesetzt sind.
- **Postkolonialismus – Lebenswirklichkeiten in einem weiteren anglophonen Kulturraum**
  Für das Abitur 2023 ist das Bezugsland **Nigeria**, wobei dieses stellvertretend für den afrikanischen Kontinent gesehen werden soll.
- **Medien in ihrer Bedeutung für den Einzelnen und die Gesellschaft**
  Im Bereich von Literatur und Medien steht **Shakespeare** im Vordergrund. Es geht insbesondere um seinen **Einfluss auf und seine Bedeutung für die heutige Jugend**. Für die Aufgaben werden Kenntnisse von **filmischen Umsetzungen** seiner Werke vorausgesetzt.
  Auch **Utopien und Dystopien**, also literarische Visionen der Zukunft, können in den Abiturtexten behandelt werden.

Globale Herausforderung und Zukunftsvisionen:

Die **Chancen und Risiken der Globalisierung** können in den Abiturtexten ebenfalls thematisiert werden. Auch hier wird das Bezugsland **Nigeria** genauer untersucht. Außerdem geht es um die ökologischen Folgen der Globalisierung und die Frage, wie **nachhaltige Lebensentwürfe** aussehen könnten. Zu der Frage nach den Lebensentwürfen gehört auch das Thema **Studium und Arbeit in einer globalisierten Welt**.

Wie ist eine Abiturprüfungsaufgabe aufgebaut?

Ihre Abiturprüfung wird aus zwei Teilen bestehen. Im ersten Aufgabenteil wird eine Textaufgabe behandelt, die immer aus den drei Teilaufgaben *comprehension, analysis* und wahlweise *comment* oder *re-creation of text* besteht. Ausgangstext ist ein englischsprachiger literarischer Text oder ein englischsprachiger Sach- und Gebrauchstext. Die Texte umfassen im Grundkurs maximal 800 Wörter. Sie können außerdem durch Bilder (z. B. Cartoons) und diskontinuierliche Texte (z. B. Tabellen,

Grafiken) ergänzt werden. In diesem Fall werden die Ausgangstexte angemessen gekürzt.
Sie können am Prüfungstag selbst entscheiden, ob Sie einen fiktionalen oder einen nicht-fiktionalen Ausgangstext wählen. Ebenso haben Sie im Anforderungsbereich III immer die Wahl zwischen einer evaluierenden und einer produktionsorientierten Teilaufgabe (*comment* bzw. *re-creation of text*). Legen Sie sich aber besser nicht im Vorfeld auf eine Text- oder Aufgabenform fest: Lesen Sie immer alle Texte und Aufgaben sowie die dazugehörige Sprachmittlungsaufgabe. Vielleicht wird in der Prüfung ein literarischer Text behandelt, der Ihnen bekannt ist, oder gerade die *comment*-Aufgabe erweist sich als besonders komplex. In jedem Fall ist es sinnvoll, wenn Sie flexibel reagieren können.
Im zweiten Prüfungsteil erhalten Sie einen deutschsprachigen Sach- oder Gebrauchstext, der Ausgangspunkt für eine Sprachmittlungsaufgabe ist. Dieser deutsche Text hat eine Länge von 450 bis 650 Wörtern. Die Aufgabenstellung setzt den Rahmen für die Sprachmittlung und legt fest, welche Informationen Sie für wen in welcher Form wiedergeben sollen.

Die Textaufgabe

In der Textaufgabe erhalten Sie drei Aufgaben zu einem Ausgangstext. Diese decken drei verschiedene Anforderungsbereiche ab, denen typische Arbeitsaufträge (Operatoren) zugeordnet sind.
Bei den Aufgaben im **Anforderungsbereich I** stellen Sie Ihr Leseverständnis unter Beweis, indem Sie die Inhalte des Ausgangstextes in eigenen Worten darstellen. Oftmals müssen auch nur Teilaspekte des Ausgangstextes wiedergegeben werden. Folgende Operatoren werden in der Aufgabenstellung typischerweise verwendet:

Operator	Bedeutung	Beispiel
Describe	eine genaue Beschreibung einer Person, einer Sache, einer Situation erstellen	"Briefly describe how the oil company tries to make the villagers give up their land." (ÜA 4)
Outline	Hauptmerkmale, wesentliche Elemente oder die Struktur einer Sache/ eines Sachverhalts wiedergeben	"Outline what you learn about the three young women's backgrounds and their current situations." (2021-1)
Point out	die in der Aufgabenstellung genannten Aspekte finden und erklären	"Point out Lewis's views on performing Shakespeare." (ÜA 6)
State	die wesentlichen Aspekte eines Sachverhalts/eines Gesprächs o. Ä. kurz und präzise darstellen	"State why the author claims that Shakespeare does not belong in the classroom." (ÜA 1)
Summarise/ Sum up	eine knappe Darstellung der wesentlichen Aspekte oder Ideen eines Textes oder Themas anfertigen	Mögliche Aufgabenstellung: "Summarise under what circumstances the characters meet and how the meeting goes."

Die Aufgaben im **Anforderungsbereich II** zielen auf eine Analyse des Ausgangstextes unter vorgegebenen Gesichtspunkten ab. Hier geht es beispielsweise darum, **wie** eine Textaussage vermittelt, eine Aussageabsicht erreicht oder eine bestimmte Wirkung erzielt wird. Sie müssen für die Bewältigung der Aufgabenstellung selbstständig relevante Textstellen auswählen und vertiefend untersuchen. Häufig geht es dabei neben inhaltlichen vor allem um sprachliche Aspekte. Auch ein Vergleich verschiedener Aspekte des Textes ist denkbar. Operatoren in diesem Anforderungsbereich sind:

Operator	**Bedeutung**	**Beispiel**
Analyse/ Examine	eine detaillierte Analyse des Textes erstellen	"Analyse how Worne presents his view. Focus on communicative strategies and use of language." (2019-11)
Characterise (Give/Write a characterisation)	eine Figur oder einen Sachverhalt detailliert charakterisieren	"Characterise the police officer as he is presented in this extract." (Video 2)
Compare	zwei Figuren oder Sachverhalte vergleichen und dabei Gemeinsamkeiten und Unterschiede aufzeigen	Mögliche Aufgabenstellung: "Compare the two characters."
Explain	einen Sachverhalt/eine Verhaltensweise verdeutlichen, indem Gründe, Details und einzelne Aspekte herausgearbeitet werden	Mögliche Aufgabenstellung: "Explain why the measure fails."
Illustrate	einen Sachverhalt anhand von Beispielen aus dem Text verdeutlichen	In her speech Hillary Clinton alludes to the American Dream in a very positive way. Illustrate how it is dealt with in literature. (ÜA 7)
Interpret	die Bedeutung, die Funktion oder die Botschaft eines Textes herausarbeiten	Mögliche Aufgabenstellung: "Interpret the cartoon."

Im **Anforderungsbereich III** gibt es zwei Teilaufgaben, von denen Sie **eine** wählen müssen. Die erste dieser Teilaufgaben umfasst den Bereich der Evaluation und Bewertung. Hier sind Sie aufgefordert, unter Abwägung verschiedener Argumente zu einer **begründeten** Meinungsäußerung zu kommen. Typische Operatoren sind hier:

Operator	**Bedeutung**	**Beispiel**
Assess/ Evaluate	eine fundiert begründete Meinung zu einem Sachverhalt zum Ausdruck bringen	"Evaluate to what extent Zafar's thought '…' is realistic." (2019-1)
Comment (on)	die eigene Meinung deutlich zum Ausdruck bringen und mit Begründungen und Belegen untermauern	"Comment on the cartoon" (ÜA 3)

Operator	Bedeutung	Beispiel
Discuss	Argumente für und wider einen Sachverhalt darstellen und auf dieser Grundlage zu einer begründeten Meinungsäußerung kommen	"Discuss the impact foreign oil companies have on Nigeria." (ÜA 4)

Die zweite dieser Teilaufgaben fordert jeweils eine **kreative** Leistung, in der Sie sich zum einen auf den Ausgangstext beziehen und zum anderen die Merkmale des vorgegebenen Zieltextes beachten müssen. Es kann auch sein, dass hier zusätzliches Material (z. B. ein Bild oder ein Zitat, vgl. Übungsaufgabe 2) vorgelegt wird, das den Schreibimpuls erweitert. Der Operator ist in der Regel *write* und wird durch die geforderte Textsorte ergänzt. Folgende Zieltextformate werden als bekannt vorausgesetzt:

- *letter/email: formal or personal letter/email, letter to the editor*
- *speech script: talk, public/formal speech/debate statement*
- *newspaper article: report, comment, internet article*
- *Ausgestaltung, Fortführung oder Ergänzung eines narrativen literarischen Ausgangstextes*

Tipp

Auch wenn sich die Aufgabenstellung im Detail je nach Text unterscheidet, bleibt die grundsätzliche Vorgehensweise bei den jeweiligen Operatoren gleich. In den **Videos** auf der Plattform **MyStark** (Zugangscode vgl. Farbseiten) erklären wir Ihnen, wie Sie bei den wichtigsten Operatoren im Bereich Schreiben vorgehen müssen. Außerdem erfahren Sie etwas zu häufigen Zieltextformaten wie z. B. Leserbrief oder Blogeintrag.

Die Sprachmittlungsaufgabe

Bei der Sprachmittlungsaufgabe geht es vordergründig um die Wiedergabe inhaltlicher Aspekte des deutschsprachigen Ausgangstextes auf Englisch. Bei genauerem Hinsehen ist diese Aufgabe aber noch sehr viel komplexer, denn Sie müssen zunächst die für die Aufgabenstellung relevanten Textinhalte auswählen und diese dann unter Berücksichtigung der vorgegebenen Situation und des angegebenen Adressaten in das geforderte Zieltextformat übertragen. Vor dem Hintergrund der interkulturellen Mittlungssituation müssen Sie immer auch überlegen, welche Erläuterungen Sie zur Sicherung des Verständnisses ggf. noch ergänzen wollen. Mögliche Operatoren:

Operator	Bedeutung	Beispiel
Explain	einen Sachverhalt verdeutlichen, indem ggf. kulturspezifische Unterschiede berücksichtigt werden	"Write an email to your friend in which you explain how the project presented works, what it aims at and what it has to do with Harvard." (2017-3)

Operator	Bedeutung	Beispiel
Outline/ Present/ Summarise/ Sum up	eine knappe Darstellung der wesentlichen Aspekte oder Ideen eines Textes oder Themas anfertigen und dabei ggf. kulturspezifische Aspekte erläutern	"Write an email to your friend outlining what Sabrina Dietrich says about gender equality in Germany and (…)" (2020-3)
Write (+ text type)	einen Text unter Beachtung der jeweiligen Merkmale produzieren	"Write the email in which you present how you and your fellow students may profit from a 'spring-workshop'". (ÜA 4)

Folgende Zieltextformate werden für die Sprachmittlung als bekannt vorausgesetzt:
- *letter/email*
- *newspaper/internet article*

Die Bewertung der Abiturprüfungsaufgabe

Die Textaufgabe macht 70 % der Endnote aus, während die Sprachmittlungsaufgabe 30 % der Endnote ausmacht. In beiden Aufgaben zählt der Inhalt 40 % und die sprachliche Leistung sowie die Darstellungsleistung zählen insgesamt 60 %. Im Einzelnen werden die Punkte wie folgt aufgegliedert:

Textaufgabe

Inhalt	**P**
Comprehension (Anforderungsbereich I)	12
Analysis (Anforderungsbereich II)	16
Comment/Re-creation of text (Anforderungsbereich III)	14
Sprache	
Kommunikative Textgestaltung • Relevanz der Aussagen für die Aufgabe • Beachtung der Merkmale der Zieltextsorte • Struktur des Textes • keine Wiederholungen oder umständlichen Formulierungen • relevante Textbelege korrekt zitiert	21
Ausdrucksvermögen/Verfügbarkeit sprachlicher Mittel • Verwendung eigener Formulierungen • differenzierter und stilistisch angemessener Wortschatz • variabler Satzbau	21
Sprachrichtigkeit • korrekte Verwendung des Wortschatzes, der Grammatik und der Orthographie	21
Summe	105

Sprachmittlungsaufgabe

Inhalt	**P**
Zusammenfassung der wesentlichen Inhalte im Sinne der Aufgabenstellung und ggf. Erläuterung kulturspezifischer Aspekte	18
Sprache	
Kommunikative Textgestaltung • Ausrichtung des Textes auf die Mittlungsabsicht und den Adressatenkreis • Berücksichtigung der vorgegebenen Situation • Beachtung der Merkmale der Zieltextsorte • Struktur des Textes • keine Wiederholungen oder umständlichen Formulierungen	9
Ausdrucksvermögen/Verfügbarkeit sprachlicher Mittel • Verwendung eigener Formulierungen • differenzierter und stilistisch angemessener Wortschatz • variabler Satzbau	9
Sprachrichtigkeit • korrekte Verwendung des Wortschatzes, der Grammatik und der Orthographie	9
Summe	45

Die Bearbeitung der verschiedenen Teilaufgaben

Comprehension (Anforderungsbereich I)

Gehen Sie die Aufgabenstellung genau durch und prüfen Sie, auf welche inhaltlichen Aspekte des Textes diese sich bezieht. In aller Regel wird hier nämlich keine vollständige Zusammenfassung, sondern eine Fokussierung auf einzelne Elemente erwartet.

Lesen Sie dann den Text gründlich und klären Sie ggf. lexikalische Verständnisprobleme mithilfe Ihres Wörterbuches. Schlagen Sie nur die Wörter nach, die für die Aufgabenstellung oder für ein allgemeines Textverständnis relevant sind, und ignorieren Sie andere Ihnen unbekannte Wörter, um Ihre Zeit effizient zu nutzen. Nehmen Sie anschließend einen Textmarker zur Hand und markieren Sie relevante Textstellen. In der Lösung können Sie manchmal der Chronologie des Textes folgen, es kann für eine logische Darstellung aber auch sinnvoll sein, die Informationen für die Lösung umzustellen. Nummerieren Sie in diesem Fall die einzelnen Textstellen in der Reihenfolge, in der Sie sie anführen wollen. Erstellen Sie sich hierzu ggf. auch ein Konzeptpapier. Abschließend sollten Sie nochmals kontrollieren, ob sich wirklich alle Aspekte, die Sie markiert haben, auf die Aufgabenstellung beziehen.

Leiten Sie Ihren Text **in der Hinführung** mit den Quellenangaben zum Text ein. Diese umfassen Titel, Autor*in, Ort und Jahr der Publikation, sofern diese angegeben sind. Fassen Sie außerdem ganz knapp zusammen, worum es in dem Text – mit Blick auf die Aufgabenstellung – geht.

The text *The excerpt (from the novel/drama)* *The novel* *The short story* *The drama* *The poem/The song* *The (newspaper) article*	*(title)*	*written by (author's name) and published in (2022)/on (26 May 2021)* *in (*The New York Times/*London)*	*deals with …* *is about …* *discusses the question if …* *provides information on …* *presents …*
The speech *The excerpt from the speech*	*(title)*	*delivered/given by (speaker's name) on (14 April 2021) in (New York) addresses (the public/the members of the UN/the conference/…).*	*It explores the question whether …* *It deals with …* *The speaker discusses the question if …*
The cartoon	*called (title)*	*created by (name of artist) and published in (2022)/on (26 May 2021)* *in (*The New York Times/*London)/on the website (www.website.com)*	*deals with the problem of …* *is about …* *depicts an attitude towards …* *presents a possible view on …*

Beachten Sie im **Hauptteil**, dass Sie bei der Wiedergabe des Inhalts sprachlich nicht zu nah am Ausgangstext bleiben, sondern soweit möglich eigene Formulierungen verwenden. Zitate und Textverweise sind in diesem Aufgabenteil in aller Regel nicht erwünscht. Versuchen Sie, die Inhalte möglichst prägnant wiederzugeben und vermeiden Sie dabei in jedem Fall wertende Äußerungen. Verwenden Sie das *present tense* und verzichten Sie auf *short forms* (also z. B. „do not“ anstatt „don't“). Verwenden Sie verschiedene Einleitungsverben, um die Aussagen des Autors bzw. der Autorin wiederzugeben (z. B. „The author observes that …“).

to add	*to affirm*	*to announce*
to claim	*to declare*	*to demand*
to insist	*to maintain*	*to mention*
to observe	*to remark*	*to state*

Analysis (Anforderungsbereich II)

Beginnen Sie auch hier Ihre Arbeit mit einer genauen Prüfung der Aufgabenstellung. Der inhaltliche Fokus kann ein anderer sein als in Aufgabe 1. Sie sind auf stets gefordert, zu untersuchen und darzustellen, wie der vorgegebene inhaltliche Aspekt sprachlich und/oder strukturell umgesetzt wird und, besonders wichtig, welche Wirkung bei den Leserinnen und Lesern dadurch erzielt wird.
Je nachdem welche Textsorte Ihnen vorgelegt wird, können ganz unterschiedliche sprachliche und stilistische Aspekte in den Fokus gerückt werden. Hierzu gehören:

Bei literarischen Texten:
- *atmosphere*
- *characterisation and constellation of characters*
- *dialogue and director's instructions (screenplay only)*
- *dialogue and stage directions (drama only)*
- *lyric speaker and his/her situation (poem and song only)*
- *narrative techniques: narrative perspective and point of view (narrative texts only)*
- *rhetorical/stylistic devices*
- *rhyme, rhythm and metre (poem and song only)*
- *setting (place and time)*
- *structure and plot*
- *themes and conflicts (inner conflicts and conflicts between characters)*
- *interaction between characters*
- *tone*
- *use/means of language, choice of words*

Bei Sach- und Gebrauchstexten:
- *communicative strategies*
- *message (of the text)/intention (of the author)*
- *rhetorical/poetic/stylistic devices*
- *structure*
- *style, register, tone*
- *techniques of argumentation and persuasion/line of argument*
- *use/means of language*

Lesen Sie den Ausgangstext erneut, und zwar nun mit Blick auf die aktuelle Aufgabenstellung. Markieren Sie wiederum relevante Textstellen (am besten mit einer anderen Farbe) und notieren Sie Gedanken und Deutungen am Rand. Bringen Sie dann Ihre Ideen auf einem Konzeptpapier in eine Struktur, indem Sie notieren, welche Textstellen und stilistischen Mittel eine gleiche/ähnliche Wirkung erzeugen und daher in einem Absatz zusammengefasst werden können (vgl. Übungsaufgabe 1):

Analyse the way the author uses argumentative techniques and language to persuade the readers of his view.

Verfassen Sie in der **Einleitung** eine Arbeitsthese, die einen deutlichen Bezug zur Aufgabenstellung aufweist. In dieser These sollten Sie bereits auf die wichtigsten Erkenntnisse Ihrer Analyse zusammenfassend eingehen. Verzichten Sie darauf, die Quellenangaben zum Text zu wiederholen, da sich die Analyse quasi nahtlos an Aufgabe 1 anschließt:

The author stresses his view that Shakespeare should be removed from the classroom by employing different argumentative techniques which are supported by stylistic devices such as contrasts, figurative speech, allegory and imperatives.

Im **Hauptteil** belegen Sie Ihre Arbeitsthese dann im Detail, indem Sie die aufgeführten Aspekte jeweils in einem oder mehreren Absätzen vertieft behandeln und Ihre Aussagen am Text belegen. Zeigen Sie stets auf, welche Wirkung die verschiedenen Aspekte haben.

In dem o. g. Beispiel müssen Sie also zunächst auf die Argumentationstechniken eingehen und dann die Sprache genauer untersuchen. Zeigen Sie in jedem Absatz auf, welche Wirkung die verschiedenen Aspekte haben. Idealerweise beginnen Sie jeden Absatz mit einem (oder zwei) sogenannten *topic sentence(s)*, die die These für diesen Absatz enthalten. Belegen Sie dann in den folgenden *supporting sentences* diese These und beenden Sie den Absatz, indem Sie die Wirkung der gewählten Textstellen erläutern.

> *Powell argues that the situation gets worse due to recent decisions in educational policy. He claims that the status of drama as a subject in its own right has decreased.* ***(topic sentences)*** *The word "plummet" (l. 10) emphasises the seriousness of the situation. To make things worse it also becomes harder and harder for teachers to take their students to a theatre because of the "planning and paperwork involved", which he calls "prohibitive" (l. 27).* ***(supporting sentences)*** *The adjective stresses the hopelessness of the situation. The readers readily believe the author as he has first-hand experience (cf. ll. 20–23) and therefore radiates authority.* ***(Wirkung)***

Am **Ende** fassen Sie Ihre Ergebnisse nochmals knapp zusammen und beziehen sich auch hier wieder auf die Arbeitsthese, die Sie eingangs formuliert haben:

> *To sum it up, Powell uses the historical perspective, a humorous allegory and his personal experience to support his most important argument for taking Shakespeare out of the classroom: the fact that a play without performance is pointless.*

Ihr Text folgt also drei Schritten:

1. Stellen Sie eine deutlich auf die Aufgabenstellung bezogene These auf. (Einleitung)
2. Zeigen Sie, dass Ihre These begründet ist. (Hauptteil)
3. Kommen Sie erneut auf die Eingangsthese zurück, die Sie nun anhand des Hauptteils belegt haben. (Schluss)

Eine Herausforderung liegt dabei darin, sich sprachlich nicht zu wiederholen, sondern jeweils andere Formulierungen zu verwenden.
Wie in Aufgabe 1 verwenden Sie auch hier das *present tense* und vermeiden *short forms*. Verzichten Sie auf wertende Äußerungen oder den Gebrauch von informellen Wendungen. Verwenden Sie verschiedene Ausdrücke, um die Intention des Autors bzw. der Autorin zu benennen und die Wirkung zu beschreiben.

Intention

The author/speaker/writer/journalist/poet/playwright …			
intends to *means to* *has the intention to* *aims to* *aspires to* *wants to* *tries to*	*convince* *persuade*	*the audience/ readers/ listeners*	*that …* *of his view that …*
	make		*believe that …* *feel responsible for …*
	encourage		*to stand up against/for …*
	appeal to		*to take action against/for …*
	appeal to the readers' fears/sympathy/emotions.		
wants	*the audience/the readers/the listeners*	*to adopt his view(s) on …* *to understand that …* *to see that …*	

Wirkung

This particular choice of words … *The metaphor/anaphora employed …* *The point of view adopted …*	*emphasises* *underlines* *stresses* *highlights* *puts emphasis on* *accentuates*	*his/her view on/that …* *his/her opinion about …* *the difference between … and …* *the importance of …* *the impression that …* *the fact that …*
	attracts the readers' attention.	
	creates *evokes* *establishes*	*a feeling of (unease/unity).* *a (tense/light) atmosphere.*
	invites the readers	*to sympathise with …* *to identify with …* *to see the action from X's point of view.*

Zitieren – aber richtig

In Aufgabe II müssen Sie Ihre Aussagen stets am Text belegen. Hierbei gilt es, die Konventionen des Zitierens zu beachten:

Sie können **indirekt zitieren**, d. h., Sie geben den Inhalt in eigenen Worten wieder und geben dann die Textstelle, auf die Sie sich beziehen, in Klammern an, z. B. (cf. l. 26) oder (cf. ll. 28–30), wenn Sie sich auf mehrere Zeilen beziehen. Die Abkürzung *cf.* steht für *confer* und bedeutet so viel wie „vergleiche". Die Abkürzung *l.* bedeutet *line* (Zeile) und *ll. lines* (Zeilen).

Later on, Sanders quotes Winston Churchill to show that there is no alternative to democracy (cf. ll. 20/21).

Wenn Sie wörtlich zitieren, wird dieses **direkte Zitat** mit Anführungsstrichen markiert. Beachten Sie, dass im Englischen (anders als im Deutschen) die Anführungsstriche immer oben stehen, also auch am Anfang des Zitats. Beim direkten Zitat gilt es noch zwischen dem eingebundenen und dem eingeleiteten Zitat zu unterscheiden.

Insbesondere kürzere Zitate sollten Sie in einen Satz einbauen. Achten Sie dabei darauf, dass Ihre eigenen und die zitierten Worte inhaltlich und grammatikalisch zusammenpassen, also zusammen einen korrekten Satz ergeben.

They see themselves as "custodians of the land" (l. 27) and the repetition of the word "father" (cf. ll. 24/25) makes it clear that it is important to them to live on "ancestral land" (l. 24).

Alternativ zur Angabe in Klammern können Sie die Angabe der Fundstelle auch in Ihren Fließtext einbauen.

In lines 10 to 12 it is	*said* *described* *illustrated* *shown* *made clear*	*that …*	Beachte: kein Komma vor „that"
In line 7 the reader(s)	*get(s) to know how/why …* *learn(s) that …* *is/are informed about …*		
(The character is selfish)	*as can be seen in lines 25 to 37 where (the narrator says that …)*		

Damit das Zitat richtig in Ihren Satz passt, dürfen Sie dieses auch leicht verändern. Allerdings müssen Sie diese Änderungen genau markieren. Dabei werden Auslassungen, Ergänzungen oder Veränderungen durch eckige Klammern gekennzeichnet:

While the oil company uses "speedboat[s]" (l. 43), they patrol "in canoes, […] armed with bows and arrows and clubs and a few guns" (ll. 38/39).

Insbesondere längere Zitate werden oft nicht in den Satz eingebaut, sondern eingeleitet. Aus dieser Einleitung müssen der Urheber des Zitats und der Kontext, in dem es verwendet wurde, hervorgehen.

Also, the repetition of the word "here", as opposed to "there", underlines their attachment to that particular piece of land: "They had been born here, they'd grown up here, they were happy here" (ll. 25/26).

Gemäß den Bewertungskriterien für die Abiturklausur sollen Sie die verschiedenen genannten Formen des Zitierens verwenden, anstatt sich nur auf eine Zitierweise zu beschränken. Achten Sie außerdem darauf, dass Sie nur exemplarisch zitieren und nicht unbedingt alle Zitate, die Ihre These belegen würden, verwenden.

Comment (Anforderungsbereich III)

Hier geht es immer darum, dass Sie Ihre Meinung zu einem Sachverhalt zum Ausdruck bringen. Ein besonderes Augenmerk liegt dabei darauf, dass Sie diese stichhaltig begründen. Lediglich der Operator *discuss* fordert dabei explizit ein, dass Sie Pro- und Kontraargumente abwägen, aber auch bei den anderen Operatoren ist es sinnvoll, mögliche Gegenargumente zu benennen und zu entkräften, damit Ihre Darstellungen überzeugend wirken.

Ähnlich wie in Aufgabe 2 sollten Sie auch hier zuerst ein Konzeptpapier anfertigen, auf dem Sie Ihre Gedanken zunächst sammeln und dann in eine Struktur bringen.

Ordnen Sie die Argumente zum Beispiel vom unwichtigsten zum wichtigsten. Stellen Sie zuerst die Argumente dar, die Ihrer Meinung entgegenstehen, und dann die, die Ihre eigene Meinung stützen.

Auch hier besteht Ihr Text aus drei Abschnitten. In der **Einleitung** benennen Sie das Thema und stellen eine These auf. Versuchen Sie hier, das Interesse des Lesers/der Leserin zu wecken, indem Sie z. B. die Relevanz des Themas hervorheben.

Nigeria is the tenth largest oil producer in the world, which means that the country is potentially very rich. However, the oil is almost exclusively produced by foreign oil companies. Therefore, the question arises as to what impact these companies have on Nigeria.

Im **Hauptteil** stützen Sie dann Ihre These mit Argumenten. Widmen Sie jedem Argument einen eigenen Absatz und gliedern Sie diesen wiederum in einen *topic sentence* und *supporting sentences*. Der *topic sentence* enthält Ihre These oder Behauptung für den Absatz und diese wird in einem oder mehreren folgenden Sätzen begründet und mit Beispielen oder Fakten untermauert.

Oil is Nigeria's most important source of income and part of the money is certainly put to good use ***(topic sentence)****, for example to improve the country's infrastructure. For this reason, there are good roads, hospitals and schools, even in rural areas.* ***(supporting sentence)***

Zum **Schluss** wägen Sie die Pro- und Kontraargumente ab und kommen so zu einer begründeten Meinung.

Considering both sides, it becomes obvious that the advantages are vastly outweighed by the disadvantages. Although Nigeria is rich in oil resources, its people does not really profit from them but rather has to live with the negative consequences the oil production has on society and the environment. But it must also be said that the situation could be very different if there was no corruption and if politicians really used the income to improve the situation of their people.

Useful phrases – Anforderungsbereich III

Funktion	Sprachliche Wendung
Aufzählen, hinzufügen, logisch strukturieren	*First(ly) … Second(ly) … Third(ly) … Finally/Lastly …* *Additionally …/In addition …/Furthermore …* *What is more …*
Vergleichen, kontrastieren	*Both … and …* *Compared to …* *On the one hand, …; on the other hand, …* *While the first/former …, the second/latter …* *Whereas … / By contrast, …*
Kausalzusammenhänge darstellen	*As a consequence, …/Consequently, …/As a result, …* *Therefore, …/Thus, …* *Since …/As …*

Funktion	Sprachliche Wendung
Gegenargumente anführen	*However, … / On the other hand, …* *Still, one must not forget that …* *Critics claim that …*
Gegenargumente entkräften	*Even though …, it is important to note that …* *It may be true that …, but …* *This point of view is not convincing because …* *This idea can be countered by the fact that …*
Sachverhalte betonen	*As a matter of fact, …* *At any rate, …* *Undoubtedly, …* *It is evident that … / Evidently, …*
Schlussfolgern	*Taking everything into account/consideration, … / After having balanced the pros and cons, (I come to the conclusion that …)* *All in all, …* *In conclusion, …* *To sum up, …*

Re-creation of text (Anforderungsbereich III)

Die zweite Aufgabe im Anforderungsbereich III ist eine anwendungsorientierte Aufgabe, die häufig auch als kreative Aufgabe bezeichnet wird. Allerdings sollten Sie sich auch hier immer bewusst machen, dass es implizit um einen Rückbezug zu dem Ausgangstext bzw. auch zu den Ausgangstexten geht, falls weiteres Material für diese Aufgabe vorgelegt wird. Sie können also nicht nach Belieben kreativ werden, sondern müssen sich vielmehr genau die Situation im Ausgangstext bewusst machen. Unter Umständen müssen Sie sich in die Figur des literarischen Textes versetzen, um aus deren Perspektive einen Brief zu schreiben, oder Sie müssen beispielsweise einen Leserbrief als Reaktion auf den zuvor behandelten Zeitungsartikel verfassen.
Auf jeden Fall wird Ihnen in der Aufgabenstellung ein Zieltextformat vorgegeben, dessen Merkmale Sie beachten müssen.

Formal or personal letter / email

Formale und persönliche Schreiben (Brief / E-Mail) unterscheiden sich v. a. im Stil.

	formales Schreiben	persönliches Schreiben
Adresse	Absendeadresse im Brief z. B. rechts oben, Adresse des Empfängers / der Empfängerin z. B. links darunter Absender und Empfänger sowie Betreff einer E-Mail stehen untereinander, sie können in der Prüfung wegfallen	kann entfallen

	formales Schreiben	**persönliches Schreiben**
Ansprache	*Dear Mr Dean/Mrs Dean,* (wenn der Name des Adressaten/der Adressatin bekannt ist) *Dear Sir or Madam,* (wenn der Name nicht bekannt ist)	*Dear Paul,* *Hi Mary,*
Vokabular/ Satzbau	*formal, polite*	*everyday English*
	complex	*informal/colloquial English (e. g. guy, I'm fed up with)*
	long forms (I am, I will)	*short forms (I'm, you're, can't)*
		question tags (don't you?)
Grußformel	*Yours sincerely,* (wenn der Name des Adressaten bekannt ist) *Yours faithfully,* (wenn der Name des Adressaten nicht bekannt ist)	*Best wishes,* *All the best* *Love,* *See you soon,*
Unterschrift	*full name*	*first name only*

Letter to the editor

Auch der Leserbrief ist ein formaler Brief, weist aber zusätzlich ein paar Besonderheiten auf.

Datum: rechts oben *(19 April 2022)*

Anrede: *Sir or Madam* (Achtung: ohne *Dear*; ein Herausgeber ist in der Regel nicht Autor des Artikels, sodass Sie den Namen nicht kennen)

Bezug: Im ersten Satz müssen Sie deutlich machen, auf welchen Artikel Sie sich beziehen.
With reference to your article (title) published on 16 April …
I am writing to you with reference to your article (title) published on 16 April.

Schlussformel: entfällt, stattdessen unterschreiben Sie mit Ihrem vollen Namen und fügen den Wohnort hinzu. (Je nach Aufgabenstellung müssen Sie hier einen fiktiven Namen und Wohnort verwenden.)

Da ein Leserbrief im Grunde auch ein Kommentar ist, verfahren Sie im Hauptteil wie oben beim *comment* beschrieben. Der Leserbrief kann allerdings kürzer ausfallen. Sie brauchen hier nur die Argumente darzustellen, die Ihre Sichtweise unterstützen, achten Sie aber auf den Rückbezug zum Zeitungsartikel.

After carefully studying the article, I am sorry to say that I do not agree with the author's view that …
I read the article with deep interest and therefore would like to take the chance/opportunity to express my support for the author's view on/that …
I definitely agree/disagree with the author's view on/that …

Speech script: talk, public/formal speech/debate statement

All diesen Textsorten ist gemein, dass sie vor einem Publikum, das in der Aufgabenstellung spezifiziert wird, vorgetragen werden. Davon hängt ab, welchen Stil Sie wählen müssen. In aller Regel wird dies aber ein formeller Stil sein. Weiterhin haben alle diese Texte die Absicht, die Zuhörerschaft zu überzeugen. Das heißt, Sie müssen, wie bei einem *comment,* möglichst überzeugende Argumente präsentieren und idealerweise mögliche Gegenargumente antizipieren und entkräften.

Besonderheiten dieser Textsorte sind vor allem die direkte Ansprache der (fiktiven) Zuhörerschaft und ein gewisses Maß an rhetorischen Mitteln. Sie sollten daher bereits bei der Planung Ihrer Rede überlegen, wo sich eventuell eine Metapher, eine Aufzählung, eine Übertreibung o. Ä. anbieten.

In der Einleitung ist es hier besonders wichtig, Aufmerksamkeit zu wecken. Dies kann z. B. passieren, indem Sie nach der Begrüßung eine rhetorische Frage stellen, eine provokante Äußerung machen, eine Anekdote oder einen Witz erzählen oder überraschende Fakten präsentieren.

Good evening/Good afternoon, ladies and gentlemen, dear fellow speakers …
I feel deeply honoured to have the opportunity to speak to you/to such an impressive audience.
It is a great pleasure for me to be here and to talk about such an important issue.
As Kennedy said, don't ask what your country can do for you. Ask instead what you can do for your country.
Just like Martin Luther King I have a dream. I dream that …

Für den Hauptteil gelten die gleichen Anmerkungen wie bei einem *comment.*

Am Ende sollten Sie auch hier Ihre wesentlichen Argumente knapp zusammenfassen und dann z. B. mit einem Appell, einer rhetorischen Frage, einem Zitat, einer Vorhersage oder einem Versprechen enden.

All my evidence points into one direction: …
Looking at all the facts and figures, I have to draw the conclusion that …
What it all boils down to is the following: …
Let me conclude with the words of … who said that …
If we don't act now, we'll …/the world will …/future generations will …
I put my trust in you to …
That's why I ask/urge you to …

Newspaper article, internet article

Es gibt natürlich verschiedene Zeitungsartikel, aber in der Regel wird in der Abiturprüfung ein **Zeitungsbericht** *(report)* von Ihnen erwartet. In diesem werden die Sachverhalte möglichst objektiv dargestellt. Ihre eigene Meinung ist in diesem Fall also nicht gefragt, denn hier ist das Ziel nicht, die Leser und Leserinnen zu überzeugen, sondern sie zu informieren. Die wichtigsten Informationen stehen am Anfang, dann folgen weitere Einzelheiten. Weniger wichtige Informationen stehen am Ende, damit die Leser und Leserinnen jederzeit aufhören können zu lesen, wenn sie den Eindruck haben, dass sie genug Informationen erhalten haben.

Der Bericht beginnt daher mit einer auffälligen und aussagekräftigen, aber knappen Überschrift und ggf. einem etwas längeren Untertitel. Im ersten Absatz werden dann die wesentlichen Fakten vermittelt. Dabei orientieren Sie sich an den W-Fragen (wer, was, wann, wo, warum). Die folgenden Absätze beinhalten zusätzliche Informationen und ggf. Zitate, Beispiele oder Fakten.

It is believed that ...
The police/public prosecutor confirmed that ...
Eye-witnesses report/claim that ...
Sources revealed that ...
People are concerned/worried about/that ...

In der Regel werden Sie aufgefordert werden, einen Bericht für ein *quality paper* zu schreiben. Dies bedingt dann *formal English* und komplexere Satzbaumuster. Bei einem Artikel für ein *tabloid* dürfen Sie auch stärker emotionale Sprache und einfachere Sätze verwenden. Auf jeden Fall sollten Sie aber das ABC des Journalismus beachten: ***a**ccurate, **b**rief, **c**lear.*

Bei einem **Zeitungskommentar** können Sie den Schritten, die beim *comment* beschrieben wurden, folgen. Hinzu kommt lediglich noch eine prägnante Überschrift.

Beim ***internet article*** handelt es sich im Grunde wieder um einen Zeitungsartikel, der aber online veröffentlicht wird. Ein ***blog entry*** ist mit einem Kommentar vergleichbar.

Kreative Ausgestaltung, Fortführung oder Ergänzung eines fiktionalen Ausgangstextes (Erzähltext)

Um diese Aufgabe gut zu bewältigen, müssen Sie sich genau mit den Figuren und den Eigenheiten des Ausgangstextes auseinandersetzen. Untersuchen Sie vorab genau, wie die fiktiven Charaktere sprechen, denken, fühlen und handeln, und diese Eigenschaften entsprechend in Ihrer kreativen Fortführung weiterführen bzw. bei der kreativen Ausgestaltung zugrunde legen.

Bei einem Erzähltext müssen Sie sich darüber hinaus über die Erzählsituation klar werden. Wenn Sie den Ausgangstext fortsetzen sollen, müssen Sie den gleichen Erzähler und die gleiche Erzählperspektive wählen. Dies hat Einfluss darauf, wie Sie den Text schreiben und was Sie erzählen. Es kann aber auch sein, dass Sie den Ausgangstext aus einer anderen Erzählperspektive schreiben sollen oder dass Sie in der Rolle einer Figur einen Brief, einen Tagebucheintrag o. Ä. verfassen müssen. Immer geht es darum, die Eigenschaften und die Sprache der Figur zu imitieren.

Starten Sie mit einem Brainstorming und halten Sie Ihre Gedanken auf einem Konzeptpapier fest. Folgende Fragestellungen können Ihnen dabei helfen:

- Welche Hinweise beinhaltet der Ausgangstext im Hinblick auf die Aufgabenstellung. Gibt es Hinweise darauf, was als Nächstes passieren wird?
- Wie sprechen die Figuren mit- und übereinander? Wie hoch sind die Sprechanteile verschiedener Figuren? Enthält der Erzähltext viele oder wenige Dialoge? Gibt es Formen der Introspektion (innerer Monolog etc.)?
- Wie verhalten sich die Figuren?
- Welche Atmosphäre herrscht in dem Text vor? Und welche Stimmung wollen Sie kreieren? Wie kann das gelingen?

Ordnen Sie dann Ihre Gedanken und beginnen Sie zu schreiben. Prüfen Sie dabei immer wieder, ob Ihr kreatives Produkt noch im Einklang mit den Informationen des Ausgangstextes steht.

Tipp

Nutzen Sie die Web-App „**MindCards**" zum Lernen und Wiederholen **hilfreicher Wendungen** für verschiedene Aufgabenstellungen im Bereich **Schreiben**. Diese interaktiven Karteikarten können Sie bequem am Smartphone nutzen.

Die Sprachmittlungsaufgabe

Unter Sprachmittlung versteht man die sinngemäße (nicht wörtliche!) Übertragung von einer Sprache in die andere. Diese Übertragung wird nötig, weil die Adressaten den Text in der Ausgangssprache nicht verstehen. In der Abiturprüfung wird Ihnen ein deutscher Text vorgelegt, den Sie entsprechend dem vorgegebenen Kontext ins Englische übertragen müssen. Die verwendeten Operatoren entstammen dem Anforderungsbereich I. Sie sollen explizit keine Wertung vornehmen, sondern lediglich die Inhalte übertragen.

Die Aufgabenstellung hat hier eine besondere Relevanz, da sie den Kontext der Sprachmittlung klärt. Sie sollten sich daher ruhig ein paar Minuten Zeit nehmen, um die Aufgabe genau zu analysieren. Diese Zeit ist gut investiert. Folgende Fragen können Ihnen dabei eine Hilfe sein:

Frage	**Kommentar**
Wer ist Ihr*e Adressat*in?	Die Beantwortung dieser Fragen beeinflusst Ihren Stil. Es macht einen großen Unterschied, ob Sie eine E-Mail an einen Freund oder einen Artikel für eine Homepage schreiben sollen.
Welche Textsorte sollen Sie verfassen?	
Welche Informationen sollen Sie weitergeben?	In aller Regel müssen Sie hier eine Auswahl treffen.
Welche Zusatzinformationen braucht Ihr/e Adressat/in eventuell, um z. B. kulturelle Aspekte zu verstehen?	Achten Sie hier vor allem auf kulturell geprägte Begriffe wie z. B. „freiwilliges soziales Jahr" oder „Mottowoche".
Welche Informationen sollten Sie weglassen, weil sie entweder irrelevant für die Aufgabe sind oder für den Adressatenkreis verwirrend oder nichtssagend sein könnten?	Namen kleinerer Orte oder Flüsse würden dem Adressaten/der Adressatin vermutlich wenig sagen. Hier können Sie dann besser auf *German cities/rivers* verweisen.
Welche Ausdrücke sind schwer zu übertragen, weil es kein englisches Äquivalent gibt?	Greifen Sie z. B. auf eine Umschreibung zurück: *It is a year in which …* Geben Sie ggf. Beispiele oder fügen Sie erklärende Informationen hinzu.

Ähnlich wie bei *re-creation of text* wird Ihnen bei der Sprachmittlung ein Zieltextformat vorgegeben. Es wird vorausgesetzt, dass Sie mit den Textsorten *letter, email* und *article* vertraut sind.

Sie dürfen am Prüfungstag ein- und zweisprachige Wörterbücher verwenden, die Ihnen eine große Hilfe sein können, deren Verwendung aber auch Zeit braucht. Denken Sie daher daran, dass es nicht um eine genaue Übersetzung, sondern um eine inhaltliche Übertragung geht. Verwenden Sie z. B. Synonyme und Antonyme sowie Verbalphrasen anstelle von Nomen (z. B. „if you stay abroad …“ statt „Auslandsaufenthalt“) und greifen Sie auf Vereinfachungen (z. B. für Fachtermini) zurück. Redewendungen sollten Sie entweder umschreiben oder nachschlagen, meist gibt es eine englische Entsprechung. Mit einer wörtlichen Übersetzung liegen Sie hingegen in aller Regel falsch. Achten Sie schließlich auch noch auf die sogenannten *false friends*, also auf Wörter, die ähnlich klingen, aber eine andere Bedeutung haben, z. B. dt. „mobben“ *(to bully sb)*, dt. „Handy“ *(mobile)*, dt. „aktuell“ *(current, topical)*.

Praktische Tipps zur Vorbereitung

Wie Sie im Abschnitt über die Bewertung der Prüfungsarbeit gesehen haben, wird die Sprachmittlungsaufgabe stärker gewichtet als die einzelnen Teile der Textaufgabe. Die sprachliche Leistung wiegt schwerer als die inhaltliche. Dies sollten Sie in der Vorbereitung der Prüfung berücksichtigen. Jede/r von Ihnen hat in den letzten Jahren seine/ihre eigenen Stärken entwickelt und Schwächen kennengelernt und somit jetzt auch jeweils individuelle Entwicklungsschwerpunkte. Falls Ihnen diese noch nicht deutlich sein sollten, nehmen Sie sich die Klausuren aus der Qualifikationsphase vor und prüfen Sie, bei welchen Kriterien Sie wiederholt Punkte gewonnen oder verloren haben. Überlegen Sie, wo es folglich besonders viel Sinn ergibt, mit der Vorbereitung anzusetzen. Zu vielen Kriterien haben Sie auf den vorangehenden Seiten bereits wertvolle Tipps erhalten, was zum Beispiel die Belegtechnik, den Textaufbau oder die Textformate angeht.

Sprachliche Vorbereitung

Erfahrungsgemäß sind die Kriterien Wortschatz und Satzbau sowie sprachliche Korrektheit Bereiche, in denen Schülerinnen und Schüler viele Punkte verlieren. Auch hier kann dieses Buch Sie unterstützen. Sie finden hier zahlreiche Übungsaufgaben mit Lösungsvorschlägen. Nachdem Sie die Aufgaben selbst bearbeitet haben, sollten Sie die Lösungsvorschläge aufmerksam lesen und sich dabei die Ausdrücke notieren, die Ihnen hilfreich für die Erstellung Ihrer eigenen Texte erscheinen. Achten Sie dabei darauf, nie nur isolierte Wörter zu notieren, sondern immer Kollokationen. Das heißt, Sie schreiben ganze *phrases* auf, z. B. *to draw a conclusion* anstatt *conclusion*, damit Sie wissen, wie man die Wörter in einen Satz einbettet. Einige besonders hilfreiche Wendungen finden Sie bereits hier im Hinweiskapitel bei den entsprechenden Aufgaben. Ebenso sollten Sie auch mit den Texten verfahren, die Sie im Unterricht besprechen. So können Sie vor allem Ihren thematischen Wortschatz erweitern.
Auch „MindCards“ und „ActiveBook“ (Zugangscode vgl. Farbseiten zu Beginn des Buches) bieten Ihnen Möglichkeiten, grundlegende sprachliche Fertigkeiten zu üben, insbesondere das Kapitel *English in Use* des „ActiveBooks“.

Für ein gezieltes Üben oberstufenrelevanten Wortschatzes empfiehlt sich zudem die Vorbereitung mit dem Band „Abitur-Training Englisch Themenwortschatz“ (Best.-Nr. 82451D).
Prüfen Sie beim Satzbau, welche komplexen Satzbaumuster Sie verwenden. Denkbar sind:

- Relativsätze (eingeleitet durch *who, which, where, that*)
- Konditionalsätze *(if-clauses)*
- Adverbialsätze (mit Konjunktionen wie z. B. *when, although, so that*)
- Partizipialkonstruktionen *(Having considered the pros and cons, I come to the conclusion that …)*
- Gerundialkonstruktionen *(The author tries to persuade the reader by providing biased information.)*
- Infinitivkonstruktionen *(She uses an enumeration to underline her point.)*

Sollten Sie hier noch Entwicklungsbedarf feststellen, so empfiehlt sich die Arbeit mit einem grammatischen Übungsbuch, z. B. „Abitur-Training Englisch Grammatikübungen“ (Best.-Nr. 82452D).
In puncto sprachlicher Korrektheit sollten Sie prüfen, ob es gewisse Regeln gibt, gegen die Sie immer wieder verstoßen, und ob dies daran liegt, dass Sie die entsprechende Regel nicht kennen oder verstehen, oder ob es sich um sogenannte Flüchtigkeitsfehler handelt. Im ersten Fall sollten Sie sich die entsprechenden Kapitel in einer englischen Grammatik durchlesen. Im zweiten Fall ist eine genaue Selbstkorrektur zu empfehlen, und zwar speziell mit Blick auf die Strukturen, bei denen Ihnen immer wieder Fehler unterlaufen. Klassische Fehlerquellen sind z. B.

- die Bildung des *simple present* in der 3. Person Singular *(he wants, she does)*
- der Genitiv (z. B. the author's view)
- Konditionalsätze (kein *will/would* im *if-clause*)
- Adjektive versus Adverbien (Adjektive beziehen sich auf Nomen, Adverbien beschreiben Adjektive, Verben oder andere Adverbien näher)
- falsche Wahl der Präposition (diese sollten Sie beim Wortschatz mitlernen oder im Wörterbuch nachschlagen)
- Groß- und Kleinschreibung (*z. B. American values*)

Inhaltliche Vorbereitung

Im Zentralabitur NRW werden keine bestimmten Texte für die Behandlung im Unterricht vorgeschrieben, sondern lediglich Textsorten, z. B. ein modernes amerikanisches Drama, ein Roman und ein Spielfilm, vorgegeben. Dadurch kann in der Abiturprüfung auch keine inhaltliche Kenntnis der von Ihnen gelesenen Werke überprüft werden, sodass Sie sich in der Vorbereitung nicht mit einer langwierigen Wiederholung dieser Inhalte aufhalten müssen. Relevanter sind die Merkmale dieser Textsorten, also z. B. die typischen Merkmale eines utopischen oder dystopischen Romans.
Wichtig sind vor allem die Inhalte der Themenfelder, die zu Beginn dieses Hinweiskapitels aufgeführt sind. Stellen Sie also sicher, dass Sie wissen, was sich hinter dem jeweiligen Thema verbirgt, und dass Sie die wesentlichen Schlagwörter dazu kennen und mit Hintergrundwissen verknüpfen können. Welche Werte stehen z. B. hinter

dem Begriff des *American Dream*? Was ist in diesem Kontext mit *independence, individualism* und *Manifest Destiny* gemeint?
In diesem Rahmen ergibt es auch Sinn, die fiktionalen und die nicht-fiktionalen Texte, die Sie im Unterricht behandelt haben, nochmals durchzugehen und Querverbindungen zu den Themen herzustellen. Fragen Sie sich z. B., welche literarische Figur oder auch welcher reale Mensch den *American Dream* verkörpert und warum.

Das Anfertigen der Prüfungsarbeit

Am Prüfungstag selbst haben Sie für die Bearbeitung der Klausur im Grundkurs vier Stunden (240 Minuten) Zeit. Da Sie mehrere Klausuren zur Auswahl bekommen, erhalten Sie zusätzlich 30 Minuten Zeit, um die Klausuren zu prüfen und eine für die Bearbeitung auszuwählen. Oftmals entscheiden sich Prüflinge sehr schnell, sodass Sie einen Teil der Auswahlzeit bereits für die Bearbeitung nutzen können. Überstürzen Sie hier aber nichts, sondern schauen Sie sich in Ruhe alle Texte und alle Aufgabenstellungen an. Sie sollten es unbedingt vermeiden, die Entscheidung nochmals zu ändern, wenn Sie bereits mit der Bearbeitung begonnen haben.
Da Sie die Textaufgabe und die Sprachmittlungsaufgabe zeitgleich erhalten, können Sie selbst entscheiden, mit welcher Aufgabe Sie beginnen wollen.
Wie Sie bei der Bearbeitung der einzelnen Teilaufgaben vorgehen sollten, ist im Abschnitt „Die Bearbeitung der verschiedenen Teilaufgaben“ genau beschrieben.
Am Prüfungstag ist die richtige Zeiteinteilung elementar. Schauen Sie daher bei der Bearbeitung der Übungsklausuren in diesem Band auf die Uhr. Wie lange brauchen Sie für welche Teilaufgaben? Erstellen Sie auf Basis dieser Erfahrungswerte einen Zeitplan für die Anfertigung der Prüfungsarbeit. Ein möglicher Richtwert kann sein:

	Grundkurs
Aufgabe 1 (inkl. Text lesen und verstehen)	50 Minuten
Aufgabe 2	65 Minuten
Aufgabe 3	45 Minuten
Sprachmittlungsaufgabe	55 Minuten
Korrekturlesen	25 Minuten

Sollten Sie Zeit bei der Textauswahl gewinnen, so lassen Sie diese am besten in die Korrektur einfließen. Nehmen Sie sich hier Zeit, nochmals genau die Inhalte zu prüfen und sprachliche Fehler zu korrigieren. Wenn es die Zeit erlaubt, machen Sie vor dem Beginn der Korrekturphase eine kurze Pause, um Abstand zum eigenen Text zu gewinnen (siehe dazu auch den vorangegangenen Abschnitt zur sprachlichen Vorbereitung).

Dieses Buch enthält neben den Hinweisen und Tipps unter anderem Übungsaufgaben zu verschiedenen Themenbereichen mit Lösungsvorschlägen. Diese Übungsaufgaben entsprechen genau den Anforderungen, die Sie auch in Ihrer Abiturprüfung erwarten. Beachten Sie, dass die Textgrundlagen der Original-Prüfungen bis zum Jahr 2020 etwas kürzer sind. Dennoch eignen sich auch diese Aufgaben sehr gut, um die nötigen Fertigkeiten für die Abiturprüfung zu trainieren.
Wie Sie mit diesem Buch arbeiten, ist Ihnen überlassen und hängt ganz von Ihren individuellen Zielen und Arbeitsweisen ab. Die folgenden Möglichkeiten können Ihnen aber Anregungen für die Arbeit geben.

Möglichkeit 1

Wählen Sie die Klausuren, die Sie thematisch am meisten interessieren, und bearbeiten Sie diese zunächst selbstständig – wenn es die Zeit erlaubt, sogar unter Abiturbedingungen, d. h. in der vorgesehenen Zeit. Lesen Sie vorab ruhig nochmals die entsprechenden Seiten zu der jeweiligen Teilaufgabe im Kapitel „Tipps und Hinweise“ nach. Vergleichen Sie Ihre Lösung anschließend mit dem abgedruckten Lösungsvorschlag. Bedenken Sie dabei bitte, dass dies nur ein subjektiver Vorschlag sein kann und dass Sie eventuell bei den Teilaufgaben 2 und 3 der Textaufgabe noch andere interessante Aspekte gefunden haben. Achten Sie daher vor allem darauf, dass Ihr Text ähnlich strukturiert ist und vielleicht auch auf ähnliche Textstellen zurückgreift und ähnlich viele Argumente beinhaltet wie die Beispiellösung. Die Inhalte in Teilaufgabe 1 sowie bei der Sprachmittlung sind durch die Aufgabenstellung hingegen ziemlich klar limitiert, sodass hier die inhaltliche Übereinstimmung groß sein sollte.
Sollten Sie bei der Arbeit ins Stocken geraten, können Sie die Musterlösung auch während des Schreibens zu Hilfe nehmen. Nutzen Sie diese dann aber in drei Stufen. Lesen Sie zunächst nur die kurze Einleitung zu der jeweiligen Teilaufgabe. Vielleicht kommen Sie mit diesen Denkanstößen schon weiter. Lesen Sie im Bedarfsfall die Stichworte, die die Lösung grob skizzieren oder sehen Sie sich nur die Struktur an, die in der Randspalte neben der Musterlösung angegeben ist. Nutzen Sie den anschließenden Fließtext vorzugsweise zunächst nur zum Abgleich mit Ihrer fertigen Lösung.
Abschließend sollten Sie den Fließtext auch zur Wortschatzarbeit nutzen, indem Sie sich hilfreiche Formulierungen markieren, herausschreiben und versuchen, diese selbst in zukünftigen Texten anzuwenden.

Möglichkeit 2

Vielleicht haben Sie bei der Analyse Ihrer eigenen Klausuren festgestellt, dass Sie bei speziellen Teilaufgaben besondere Schwierigkeiten haben. Oftmals trifft dies auf die Aufgaben im Anforderungsbereich II (Analyse) zu. Dann nehmen Sie sich gezielt diese Teilaufgaben vor und verzichten Sie auf die Bearbeitung der anderen Teilaufgaben dieser Klausur.

Möglichkeit 3

Vermutlich werden Sie keine Zeit haben, alle Klausuren im Detail zu bearbeiten und Ihre Gedanken zu verschriftlichen. In dem Fall können Sie einzelne Klausuren auch bloß stichwortartig bearbeiten, indem Sie ein Konzeptpapier erstellen. Dieses können Sie dann mit den Stichworten, die die Lösung grob skizzieren, vergleichen. Zusätzlich können Sie auch noch den Fließtext lesen, um ein wenig Spracharbeit zu betreiben, wie unter Möglichkeit 1 beschrieben.

Möglichkeit 4

Wenn es zeitlich ganz eng wird, können Sie das Buch auch einfach aufmerksam lesen. Damit dabei etwas hängen bleibt, ist es aber sinnvoll, sich nach jeder Teilaufgabe nochmals zu vergegenwärtigen, worauf es bei der Bearbeitung zu achten galt und was Sie von der Musterlösung sprachlich und/oder inhaltlich mitnehmen können. Markieren Sie die entsprechenden Stellen – gerne mit zwei verschiedenen Farben für Sprache und Inhalt, sodass Sie sich diese Passagen später nochmals zu Gemüte führen oder auch aufschreiben können.

Mündliche Abiturprüfung

Für die mündliche Prüfung gelten dieselben curricularen Grundlagen wie für die schriftliche Prüfung, d. h., auch hier werden die Kompetenzen des Kernlehrplans überprüft, wobei der Schwerpunkt naturgemäß auf der Sprechkompetenz liegt. Inhaltlich wird ebenfalls Bezug genommen auf die Themenfelder der Qualifikationsphase.

Der Aufbau

Die Prüfung besteht aus zwei Teilen, die beide gleichlang sind und jeweils 10 bis 15 Minuten dauern. Für den ersten Teil haben Sie eine Vorbereitungszeit von 30 Minuten. Hier können Sie verschiedene Ausgangstexte erwarten, die es zu bearbeiten gilt, wobei die unter Punkt 1 genannte Variante erfahrungsgemäß die häufigste ist.

❶ Ein oder mehrere Texte mit einer Gesamtlänge von 200 – 300 Wörtern. Bei Gedichten oder Textimpulsen, z. B. einem bedeutungsreichen Zitat, kann diese Wortzahl auch unterschritten werden.
❷ Ein oder mehrere Bildimpulse, z. B. Cartoon, Grafik und ggf. einen zusätzlichen Text.
❸ Ein Hörtext oder ein audiovisueller Text (z. B. Filmausschnitt) von maximal 3 Minuten und ggf. ergänzende Bildimpulse.

Die begleitenden Aufgaben greifen, ebenso wie in der schriftlichen Prüfung, auf die bekannten Operatoren (vgl. S. III – VI) zurück und decken die drei Anforderungsbereiche *comprehension, analysis, comment / (re-)creation of text* ab.
In der Vorbereitungszeit dürfen Sie auch auf ein- und zweisprachige Wörterbücher zurückgreifen und ggf. erhalten Sie auch weiteres Material zur Vorbereitung Ihrer mündlichen Präsentation.
Ihre Aufgabe ist es, auf der Grundlage der bereitgestellten Materialien, einen zusammenhängenden Vortrag zu erarbeiten. Ihre Prüferinnen und Prüfer sind gehalten, Sie nicht zu unterbrechen, Ihnen aber auch keine helfenden Fragen zu stellen, was bedeutet, dass Sie die Texte selbständig und tiefgehend verstehen, analysieren und bewerten müssen.

Der zweite Aufgabenteil ist im Gegenteil dazu ein Prüfungs<u>gespräch</u>, für das Sie keine Vorbereitungszeit haben, da Sie auch keine weiteren Materialien erhalten. Hier geht es primär darum, Ihre Sprechkompetenz im Bereich „an Gesprächen teilnehmen" zu überprüfen. Sie sollen zeigen, dass Sie auf Fragen und Äußerungen Ihrer Prüferin oder Ihres Prüfers eingehen können und auch selbst den Gesprächsverlauf mitgestalten können, indem Sie eigene Schwerpunkte setzen. Sie sollen aber natürlich auch Ihre fachlichen Kenntnisse darstellen und Ihre eigene Meinung argumentativ vertreten. Kurz gesagt, geht es auch hier wiederum um die o. g. drei Anforderungsbereiche. Inhaltlich wird Ihr Prüfer oder Ihre Prüferin auf weitere Themenschwerpunkte der Qualifikationsphase eingehen.

Die Bewertung

Wie in der schriftlichen Prüfung werden auch in der mündlichen Prüfung die inhaltliche Leistung und die sprachliche Leistung bewertet.

Kriterien für die inhaltliche Leistung (ca. 20 % je Prüfungsteil)
Die Beiträge (sind):
- aufgabenbezogen und sachlich richtig
- umfassend und relevant
- logisch und klar begründet
- interkulturell angemessen
- nehmen Bezug auf im Unterricht erworbene Kenntnisse.

Kriterien für die sprachliche Leistung (ca. 30 % je Prüfungsteil)
- Die Beiträge sind:
  - kohärent (das heißt, es werden Konnektoren (z. B. *therefore, as a consequence*) verwendet um den logischen Zusammenhang zu verdeutlichen)
  - strukturiert (das heißt, z. B. Einleitung, Hauptteil und Schluss sind erkennbar)
  - flüssig und frei vorgetragen (im 1. Teil auch notizengestützt)
  - situationsangemessen und adressatengerecht (also keine Umgangssprache, sondern eher formelle Sprache)
  - effektiv und ökonomisch (keine Ausschweifungen, Aussagen kurz und präzise)
  - in der Interaktion flexibel (das heißt, insbesondere im 2. Teil sind Sie in der Lage, auf Fragen und Impulse spontan zu reagieren)
- Aussprache und Intonation (Klarheit, Korrektheit)
- Wortschatz (Präzision, Differenziertheit, Idiomatik, Angemessenheit)
- Grammatische Strukturen (Korrektheit, Komplexität, Angemessenheit)

Tipps

- Nutzen Sie die Vorbereitungszeit, um das Material mehrfach gründlich zu lesen und wichtige Textstellen zu markieren. Schlagen Sie nur relevante Wörter nach und versuchen Sie möglichst viele Worterschließungsstrategien (Wortfamilie, internationale Wörter, Kontext, etc.) anzuwenden.
- Teilen Sie sich die Zeit so ein, dass Sie sich zu allen drei Anforderungsbereichen Notizen anfertigen können. Achten Sie auch darauf, dass Sie zu allen drei Bereichen ähnlich viel zu sagen haben.
- Verwenden Sie die nützlichen Redewendungen für die jeweiligen Anforderungsbereiche und achten Sie auf die Verwendung von Textbelegen.
- Wie Sie bei den Kriterien sehen, ist es wichtig, dass Sie in der Prüfung nicht ablesen, sondern möglichst frei sprechen. Fertigen Sie daher während der Vorbereitungszeit nur Stichworte an und keinesfalls ganze Sätze oder gar einen mehr oder weniger vollständigen Text. Schauen Sie in der Prüfungssituation ruhig immer wieder kurz auf Ihre Notizen, suchen Sie dann aber wieder den Blickkontakt zu der Prüferin oder dem Prüfer. (Technik *Read and Look Up*)

- Ordnen Sie insbesondere im zweiten Prüfungsteil Ihre Beiträge immer wieder in größere Zusammenhänge ein. Bei Fragen zu einem Roman können Sie z. B. auf das Oberthema der Unterrichtsreihe (*Dystopia, American Dream* etc.) eingehen und diesen entsprechend einordnen. So können Sie eigene Schwerpunkte setzen.
- Bedenken Sie auch, dass Ihre Prüferin oder Ihr Prüfer auf die Ganzschriften, die Sie gemeinsamen im Unterricht behandelt haben, eingehen wird. Es ist also sinnvoll, sich deren Inhalte, Figuren und Themen im Vorfeld nochmals zu vergegenwärtigen.
- Versuchen Sie das Gespräch selbst zu steuern, indem Sie Querverweise zu Themen schaffen, die Ihnen liegen, z. B. können Sie bei Fragen zu Nigeria auf Globalisierung zu sprechen kommen oder Vergleiche zu anderen Kulturen herstellen.
- Sollten Sie ins Stocken geraten, überbrücken Sie Denkpausen mit sprachlichen Floskeln wie z. B. *let me think for a second; just a second, the word is on the tip of my tongue; could you repeat that question, please?*
- Beachten Sie, dass Sie sich in einer formellen Gesprächssituation befinden und verwenden Sie entsprechendes Vokabular.
- Zu guter Letzt: Der erste Eindruck zählt auch. Kleiden Sie sich also angemessen, begrüßen Sie die Prüferinnen und Prüfer höflich und mit einem Lächeln und versuchen Sie selbstbewusst aufzutreten ohne arrogant zu wirken.

Tipp

Nutzen Sie auch die Web-App „**MindCards**“ zum Lernen und Wiederholen **hilfreicher Wendungen** für den Bereich **Sprechen**. Diese interaktiven Karteikarten können Sie bequem am Smartphone nutzen.

Die Arbeit mit diesem Buch

Sie finden in diesem Buch zwei konkrete Beispiele für mögliche mündliche Prüfungen, jeweils mit Aufgaben für den ersten Prüfungsteil und möglichen weiteren Impulsen für den zweiten Prüfungsteil. Bearbeiten Sie den ersten Prüfungsteil in 30 Minuten und versuchen Sie dann 10–15 Minuten flüssig dazu zu sprechen. Vielleicht finden Sie auch einen Zuhörer oder eine Zuhörerin. Er oder sie könnte Ihnen dann auch die Impulse für den zweiten Prüfungsteil vorlesen, sodass Sie spontan reagieren können. Alternativ können Sie auch alleine vor dem Spiegel üben.
Da die mündliche Prüfung von den Anforderungen her der schriftlichen Prüfung sehr ähnlich ist, können Sie auch mit den anderen Aufgaben dieses Buches sinnvoll arbeiten. Nehmen Sie sich dann aber etwas mehr Zeit für die Vorbereitung, da die Texte auch länger sind. Beachten Sie dazu insbesondere die Möglichkeiten 2–4 zur Arbeit mit diesen Aufgaben (S. XXII/XXIII). Für die Vorbereitung auf das mündliche Abitur empfehle ich besonders die 3. Möglichkeit, denn die Arbeit mit Notizen auf einem Konzeptpapier hält Sie davon ab, Sätze auszuformulieren, die Sie dann in der Prüfung ablesen anstatt frei zu sprechen.

Schriftliche Abiturprüfung NRW – Englisch
Grundkurs: Übungsaufgabe 1

Teil A: Leseverstehen und Schreiben

Inhalt 42 P. / Sprache 63 P.

Aufgabenstellung

		Punkte
1.	State why the author claims that Shakespeare does not belong in the classroom. *(Comprehension)*	12
2.	Analyse the way the author uses argumentative techniques and language to persuade the readers of his view. *(Analysis)*	16
3.	Choose **one** of the following tasks.	14
3.1	Evaluate the author's view that "most of the kids have no concept of the vitality of [Shakespeare's] youth" (ll. 8/9). Refer to your background knowledge as well as film adaptations that you know. *(Evaluation: comment)*	
3.2	Write a letter to the editor of *The Guardian* in which you comment on the author's view that Shakespeare must be taken "out of the classroom" (headline). As a German student of English, take into account your own experience with Shakespeare. *(Evaluation: re-creation of text)*	

Text:
Mark Powell: Kill Bill: why we must take Shakespeare out of the classroom

Shakespeare wrote to put money in his pocket, food on the table and fire in the bellies of his audiences, not strike modern teenagers with fear. Most of Shakespeare's audiences were illiterate. His words were chosen to be spoken or heard, not to be read and deadened behind a desk – they wither when performance is removed.

Our schools are full of Shakespeare, but often in completely the wrong places. Old uncle Bill has become the relative that we invite to family gatherings out of habit, not because we actually want to. He sits there in the corner sharing his stories with anyone who'll listen; the adults lend a patient ear out of a sense of duty and most of the kids have no concept of the vitality of his youth.

Even before, and most definitely since, the recent plummet in drama's status as a specialist subject in schools, many young people's first experience of Shakespeare is in an English classroom taught by enthusiastic purveyors of imagination, but primarily non-theatre practitioners. It's an English teacher's remit to analyse language, but pick apart every word of Shakespeare and you've dissected the butterfly – pretty in parts but a nonsensical whole and certainly unable to fly.

A well-meaning English teacher can take a student through the meaning of every word in a sentence and it soon becomes a drawn out and confusing process. Shakespeare's audience didn't know the meaning of every word uttered (uncle Bill was busily making new ones up) but the sounds and pictures they created kept viewers enthralled for hours.

English teachers agree that Shakespeare's language isn't intended to be desk-bound; it's crafted for stage. Simple. Well, not so simple these days. Recent governments have decreed that Shakespeare is so key to our national identity and intelligence that he should be studied by all the children in a specific year group. Great, you might say, but it's not.

Over the past few years I've welcomed fewer and fewer school groups to our theatre. The planning and paperwork involved is prohibitive. Consider as well the amount of staff needed to accompany such a group and the knock-on cost of cover needed back at school. Don't forget the travel time to get to a theatre for what is often a three hour show, plus travel time back. Trips can rarely happen in a school day because of other "core" subjects missed, and teachers can't be relied upon to give up their evenings to deliver what has become a luxury.

If a teacher does manage to get kids to a theatre for a rare visit, it's not always useful. Students who are inexperienced theatregoers think that a particular director's version is how Shakespeare intended his play to be done, when actually the personal interpretations can be brave, boring or bad enough to put a child off theatre for life. So, a teacher keeps the class in school and tries hard to explain the play.

Teachers are supposed to have all the answers, but dramatic literature is a playground of opinions: why does Juliet say this? Why would Macbeth do that? The real answer is that we don't know, but teachers are not encouraged to say just that: "I don't know." Their own suppositions are often reported back in essays as facts. Plays aren't meant to be taught like this. They are meant to be explored on their feet. Actors and audiences are supposed to argue over meaning, finding multiple ways of delivering word and deed.

Our BTEC acting course has just started work on *The Tempest*. These are engaged, talented young people from a range of secondary schools who auditioned to be on the course, but the majority expressed disdain, dislike and hatred for poor uncle Bill. They had all experienced him separately in schools, behind desks. Shakespeare had made them feel stupid rather than empowered.

Let's give English teachers a break, give drama teachers a boost and give young people an important sense of equality. You don't need an expensive education to understand the words, but you do need the luxury of time, space and specialism to put his words on their feet and try them out. *(694 words)*

Powell, Mark: "Kill Bill: why we must take Shakespeare out of the classroom." In: The Guardian, Copyright Guardian News & Media Ltd 2018

Annotations

l. 10 *plummet:* Since 2012 various decisions in educational policy have severely decreased the status of drama as school subject.

l. 45 *BTEC (Business and Technology Education Council):* it provides secondary school leaving qualifications and further education qualifications

Teil B: Sprachmittlung

Inhalt 18 P. / Sprache 27 P.

Aufgabenstellung

4. Your English friend has read the novel *Oil on Water*, which is set in Nigeria, and is shocked to learn how people lose their homes to make room for oil companies. You have come across the following article published in the newspaper *taz* and want to show your friend that resettlement can also happen in Germany. Write an email to your friend in which you point out why the people had to leave their home, how they feel about it and what risks and chances are connected to the resettlement.

Text:

Die Neuen mögen keinen Karneval

Für Garzweiler II ist das rheinische Dorf Immerath abgerissen worden. Nebenan steht das Plandorf „Immerath neu". Ein Ortsbesuch.

IMMERATH taz | [...] Immerath neu befindet sich 10 Kilometer westlich vom alten Ort und der Grube. [...]

Ein Anwohner von Immerath hatte Klage gegen die bevorstehende Umsiedlung eingereicht und sich durch alle Instanzen geklagt. Am Ende hat das Bundesverfassungsgericht die Klage endgültig abgewiesen. Das Recht auf Heimat sei durch die Umsiedlung nicht betroffen und das Gemeinwohl durch die Braunkohle stünde über dem Eigenwohl. Pfarrer Rombach kann das nicht nachvollziehen: „Ist es nicht Allgemeinwohl, wenn es der Erde gut geht?"

Trotz der abgewiesenen Klage haben bis zum Schluss viele Menschen protestiert. Als die Kirche abgerissen wurde, waren etwa 300 Menschen bei einer Mahnwache vor Ort. Auch die Stadt Erkelenz hat versucht, sich gegen die Umsiedlungen zu wehren und viele Protestaktionen organisiert.

Bürgermeister Peter Jansen sitzt in seinem Büro, an der Wand eine Karte, auf dem Garzweiler eingetragen ist – ein großer brauner Fleck. „Als meine Amtszeit anfing, begannen die ersten Umsiedlungen in Erkelenz, wenn meine Amtszeit vorüber ist, werden die letzten Umsiedlungen abgeschlossen sein", sagt er. Nach einem Beschluss von 2016 durch die damalige Landesregierung unter Hannelore Kraft wird Garzweiler II zwar nicht mehr erweitert. In den nächsten Jahren sollen trotzdem noch fünf weitere Orte umgesiedelt werden: Beverath, Keyenberg, Kuckum, Ober- und Unterwestrich. Alle gehören zur Stadt Erkelenz. Für Peter Jansen eine große Herausforderung; er fühlt sich alleingelassen von der Politik. Für die Bewohner*innen von Immerath hat er dagegen nur positive Worte: „Sie haben von Anfang konstruktiv mitgearbeitet, damit die Umsiedlung glatt über die Bühne geht."

Trotz der Proteste haben sich viele Einwohner*innen schon früh um die Gestaltung des neuen Orts gekümmert, erzählt Jörg Thiede, lässt den Marktplatz hinter sich und geht Richtung Sportplatz: „Wir waren alle am Anfang gegen die Umsiedlungen, aber irgendwann muss man eben mit den Tatsachen arbeiten und weitermachen." Er klingt dabei keineswegs resigniert. Eine der wichtigsten Fragen, die ihn umtrieb, waren die Vereine: „Es war klar, dass wir Mitglieder verlieren würden. Immerhin sind auch viele weggezogen. Wenn Mitglieder fehlen, fehlen uns auch Einnahmen durch Mitgliederbeiträge, aber auch von Besuchern."

[...]

Der Schützenverein, der Sportverein, dessen Vorsitzender Thiede ist, und der Karnevalverein schlossen sich vor der Umsiedlung zusammen und stimmten ihre Veranstaltungen aufeinander ab: „Die Feiern sind wichtig für unser Dorfleben. Man heiratet nach dem Schützenfest oder davor. Man fährt vor Karneval in den Urlaub oder danach." Am Sportplatz angelangt, zeigt er auf eine Baustelle, die einige hundert Meter entfernt liegt. Dort würden noch zwei Bauernhöfe entstehen, dann sei die Umsiedlung endgültig abgeschlossen.

Letztes Jahr haben die Neu-Immerather ihr neues Dorf gefeiert. Eine in der Gegend bekannte Queen-Coverband ist aufgetreten und viele neu Hinzugezogene waren gekommen, erzählt Jörg Thiede stolz, als er vom Sportplatz Richtung Ortsgrenze spaziert. Seit der Umsiedlung ziehen vermehrt junge Familien mit kleinen Kindern nach Immerath neu. Das liegt an der Lage des Orts: „Früher waren wir das letzte gallische Dorf im Kreis Heinsberg, nach uns kam ja nur noch die Grube. Jetzt grenzen wir direkt an Erkelenz. Das zieht die jungen Leute an." Er freue sich über die neuen Bewohner*innen; auch der Sportverein profitiert von den jungen Familien. Doch es sei ein wenig schwierig mit ihnen: „Karneval und Schützenvereine sind für Stadtmenschen, die wegen der Kinder herziehen, schwieriger nachzuvollziehen. Das müssen wir ihnen noch schmackhaft machen." Die Dorfbewohner*innen, die gemeinsam umgesiedelt sind, seien außerdem enger zusammengewachsen. Die Distanz zu den neu Hinzugezogenen sei teilweise aber noch groß. Diese zu überwinden ist sein Wunsch für die Zukunft. *(563 Wörter)*

Laila Oudray: Die Neuen mögen keinen Karneval, 09. 4. 2018, https://taz.de/Dorf-Umsiedlung-fuer-Braunkohletagebau/!5494693/

Lösungsvorschläge

Teil A: Leseverstehen und Schreiben

1. *Here you are meant to report the reasons the author gives for not dealing with Shakespeare in the usual school context.*
   - *Shakespeare's plays are to be seen and heard but not to be read.*
   - *It has become more difficult to take school groups to the theatre for organisational reasons.*
   - *Decisions in educational policy have decreased the importance of drama as a school subject.*
   - *It is more of a duty than a real desire to study and teach Shakespeare.*
   - *Teachers analyse Shakespeare's words, which deprives the plays of their entertainment and may even lead to confusion.*
   - *Teachers are believed to know how to interpret Shakespeare's plays but that is not true because there is no one truth about them, their meaning needs to be discussed.*
   - *Dealing with Shakespeare in class makes students feel ignorant.*

introduction: reference to source, topic

In his article "Kill Bill: why we must take Shakespeare out of the classroom" published in *The Guardian*, Mark Powell argues that Shakespeare's plays should no longer be taught in school.

main part: reasons

The most important reason he gives is that these plays are not to be read but to be seen and heard in a theatre. This, however, is becoming more and more difficult as the regulations for taking school groups to the theatre are getting stricter and stricter according to the author. Moreover, he complains that decisions in educational policy have decreased the importance of drama as a school subject in its own right.
Furthermore, Powell holds the view that Shakespeare is taught more out of a sense of duty than a real desire to deal with the playwright. He adds that English teachers tend to analyse Shakespeare's words and thus deprive his plays of their entertainment. Actually, he claims that this approach to Shakespeare makes it more difficult for students to understand the text and thus leads to even more confusion.
Finally, teachers are believed to know how to interpret Shakespeare's plays. As a result, the plays' meaning or, even better, meanings are not discussed but students just convey their teachers' understanding of the plays in their papers. As a result, Powell's experience shows that students hate Shakespeare because he makes them feel ignorant.

So, Powell argues that plays should not be taught by English teachers but by drama teachers, who teach their students how to stage Shakespeare's plays. *(250 words)*

2. *In this task you need to analyse how the author tries to persuade the readers of his view that Shakespeare should be removed from the classroom. You are meant to focus on argumentative techniques such as stating facts and displaying authoritative knowledge as well as on language, for example figurative speech, allegory, imperatives and contrasts. Make sure to not just describe what you find in the text but also to interpret how it affects the readers.*
   - *Argumentative techniques:*
     - *Powell bases arguments on …*
       - *historical facts (cf. ll. 1–4) → stresses differences between Elizabethan age and the present*
       - *references to recent decisions in educational policy (cf. ll. 10/11, 22–25) → displays his authoritative knowledge*
       - *authoritative knowledge (ll. 26–32) → explains why fewer and fewer classes go to the theatre*
       - *personal experience (ll. 45–49) → students want to put Shakespeare on stage even though most of them learned to hate him at school*
     - *Powell anticipates readers' reaction and contradicts (cf. ll. 24/25) → refutes counterarguments*
   - *Language (examples):*
     Powell uses …
     - *numerous contrasts to underline the difference between Shakespeare's plays as they were intended and received in the Elizabethan age and today (cf. e. g. ll. 1–4, 21/22)*
     - *figurative speech:*
       - *His plays "wither" (l. 4) like flowers without water if they are not performed. → stresses importance of seeing the plays in a theatre*
       - *Analysing Shakespeare is like "dissect[ing] the butterfly" (l. 14).*
         → easier for the reader to imagine the detailed approach that is taken to deal with Shakespeare; also implies that the butterfly is dead; imagination cannot fly
       - *Students have to explore Shakespeare "on their feet" (ll. 42, 53).*
         → stresses importance of drama teachers
       - *Allegory (ll. 5–9) → the reader can easily imagine the situation described*
     - *imperatives/parallelism/enumeration in ll. 50–53 to underline the demand to have drama teachers teach Shakespeare and not English teachers*
     - *lists of reasons why less and less school groups come to the theatre cf. ll. 27–32) → it is virtually impossible to take students to the theatre*
     - *alliteration, enumeration (l. 36) → if one manages to take students to a play, it might even be a poor performance*
     - *enumeration ("disdain, dislike and hatred", l. 47)*

→ *studying Shakespeare in school makes students hate the bard*

- *contrast ("stupid rather than empowered", l. 49) Shakespeare makes them feel ignorant*

The author stresses his view that Shakespeare should be removed from the classroom by employing different argumentative techniques which are supported by stylistic devices such as contrasts, figurative speech, allegory and imperatives.

introduction: thesis / reference to assignment

Throughout the whole text Powell emphasises that Shakespeare cannot be taught without acting his plays out, or at least seeing them in a theatre. To prove this assertion, he describes what Shakespeare intended to achieve with his plays when he wrote them 450 years ago, namely to "put […] fire in the bellies of his audiences, not strike modern teenagers with fear" (ll. 1/2). The contrast underlines the counter-productive effect Shakespeare's plays have when taught inside today's classrooms. Further contrasts which stress that the plays belong on stage can be found for example in lines 3/4 and 21/22.

main part: argumentative technique

→ reference to historical facts

language
→ contrasts

The author also claims that Shakespeare's plays are dead if their language is analysed and they are not put "on their feet" (l. 42). When he makes this point, he uses figurative speech. For instance, he employs the verb "wither" (l. 4) to describe what happens to the words "when performance is removed" (l. 4) and compares the analysis of the plays' language to "dissect[ing] the butterfly – pretty in parts but a nonsensical whole and certainly unable to fly" (ll. 14/15). The comparison to the butterfly allows the readers to vividly imagine the detailed approach that is taken when dealing with Shakespeare in the English classroom. Furthermore, most people probably would not want to dissect a butterfly as the beauty of the creature is slowly destroyed leaving but parts of a dead body. So it can be deduced that they would not want to analyse Shakespeare word by word either.

language
→ figurative speech

Powell uses different stylistic devices to stress the effect this approach has on the students. He employs an enumeration to show that students are left feeling "disdain, dislike and hatred" (l. 47) for the poet. Using a contrast he points out that dealing with Shakespeare's plays makes students "feel stupid rather than empowered" (l. 49). Thus, it seems entirely counterproductive to teach Shakespeare at school.

→ enumeration, contrast

Additionally, the author argues that Shakespeare is only dealt with out of traditions and not out of enthusiasm. To stress this argument Powell employs an allegory in which he calls Shakespeare "[o]ld uncle Bill" (ll. 5/6) and compares him to a relative who we invite "out of habit, not because we actually want

→ allegory

to" (ll. 6/7). The reader can easily relate to this situation as it is a typical experience many families share.

Powell argues that the situation gets worse due to recent decisions in educational policy. Dealing with Shakespeare has become obligatory for students "in a specific year group" (l. 24). Powell assumes that many readers might agree with that decision and therefore he anticipates what readers might think and contradicts. "Great, you might say, but it's not" (ll. 24/25). Thus, he can refute possible counterarguments. The problem he perceives is that the status of drama as a subject in its own right has decreased. The word "plummet" (l. 10) emphasises the seriousness of the situation. To make things worse it also becomes harder and harder for teachers to take their students to a theatre because of the "planning and paperwork involved", which he calls "prohibitive" (l. 27). The adjective stresses the hopelessness of the situation. Furthermore, Powell lists numerous other reasons why less and less students come to the theatre (cf. ll. 26–32). On the rare occasion that a group attends a performance, they even risk seeing a poor one. Here Powell uses an enumeration and alliteration to make his point ("brave, boring or bad" (l. 27). The readers readily believe the author as he has first-hand experience (cf. ll. 20–23) and therefore radiates authority. Increasing the importance of Shakespeare for the national curriculum while at the same time weakening drama as a subject in its own right, does not seem to make much sense.

argumentative technique

→ anticipates readers' reaction, refutes counterarguments

language
→ choice of words

→ lists reasons

→ enumeration, alliteration

argumentative technique
→ radiates authority

Finally, the author uses imperatives (cf. l. 50) and an enumeration (cf. l. 52) to summarise his demands in a nutshell. As he does so in the last paragraph of his comment, the readers can easily keep his demands in mind.

language
→ imperatives, enumeration

To sum it up, Powell uses the historical perspective, a humorous allegory and his personal experience to support his most important argument for taking Shakespeare out of the classroom: the fact that a play without performance is pointless.

conclusion

(747 words)

3.1 *Start your evaluation by explaining the meaning of the given quotation. Afterwards you need to balance the pros and cons to finally form your own opinion.*
- *Explanation: Young people do not understand that Shakespeare's plays are still up-to-date.*
- *Pros:*
  - *Their language is outdated.*
  - *Characters and their values are old-fashioned (e. g. role of women)*

- *Cons:*
  - *Shakespeare's topics are still important, e. g. love, power, jealousy.*
  - *His themes can easily be transferred into our time, e. g.* Romeo and Juliet.
- *Conclusion: It depends on how the plays are put on stage, turned into films or discussed in class.*

In his article Mark Powell claims that young people today fail to see that Shakespeare's plays are still up-to-date. According to him, they are bored by the plays because they do not grasp the energy and enthusiasm that is inherent in them. Whereas it is certainly true that it is difficult to fill young people with enthusiasm for Shakespeare, it is not impossible.

introduction: reference to article

The major reason why it is hard for young people to accept that Shakespeare's plays are still up-to-date is probably their language. These plays were written about 450 years ago in Elizabethan English and many of their words are outdated like "thee" and "thou". Therefore, this language is hard to understand for British teenagers and all the more so for students who learn English as a second language.

main part: pros

Some of his characters and their values also seem old-fashioned. Especially the role of women has changed considerably. These days they usually are not dominated by their father or husband.

On the other hand, modern theatre productions and films can demonstrate Shakespeare's vitality. As teenagers are more likely to go to the cinema than to the theatre, films are an adequate medium to bring Shakespeare closer to young people. Baz Luhrmann's film adaptation of *Romeo and Juliet*, for example, is set in the present but still uses Shakespeare's words. As these are supported by very powerful pictures, they become understandable.

cons

Moreover, the action of the film is convincing for a young audience. Romeo and Juliet are madly in love with each other and cannot imagine their lives apart. Even though today most young people hopefully would not commit suicide out of lovesickness, they still dream of passionate and overwhelming love. Other plays deal, for instance, with jealousy, hatred or ambition, which are also feelings young people today may easily share.

All in all, to my mind, it is a question of how Shakespeare's plays are put on stage or adapted to film. If these productions manage to convey the impression that the action and the message are still important in today's world, many young people will readily accept Shakespeare's vitality. *(351 words)*

conclusion

3.2 *In a letter to the editor you need to refer to the article and express your view on whether Shakespeare should still be taught in school or not. Make sure to state your opinion precisely but briefly. The assignment also requires you to take into account your own experience as a German student. Therefore, you should explain whether you enjoyed dealing with Shakespeare's plays or not and why.*

- *Name the article you are referring to.*
- *Express your agreement or disagreement and give reasons for your view. The following example is one advocating the view that Shakespeare's plays should not be taught in English classrooms.*
  - *Agreement:*
    - *Shakespeare is too difficult, his language and the content of his plays are outdated (give examples of plays you have dealt with).*
    - *Society has changed since Shakespeare's time (e. g. multiculturalism).*
    - *Modern authors are more appropriate in a modern world (give examples of novels or plays you have read).*
    - *In Germany, students who do not choose an advanced English course do not have to read his plays any longer but just deal with film adaptations.*
  - (• *Disagreement:*
    - *Shakespeare is of enormous cultural importance.*
    - *Characters, conflicts and values are timeless (give examples of plays you have dealt with).*
    - *Dealing with the poet's works may stir discussion on today's values.*
    - *You just have to leave room for different interpretations.*
    - *Film adaptations make the plays interesting and understandable even for German students.)*

Selina Mayer
Schillerstr. 24
50968 Köln
Germany

sender's name and address

The Guardian
Kings Place
90 York Way
London
N19GU

addressee's name and address

17 March, 2016

date

greeting

Sir or Madam,

introduction: reference to article

In his article "Kill Bill: why we must take Shakespeare out of the classroom", the author Mark Powell demands Shakespeare be removed from British classrooms. I as a German student of English share his view whole-heartedly.

main part: first argument

The language Shakespeare uses is in large parts incomprehensible for young students today, even more so if they learn English as a foreign language. Even though our teacher really tried hard to make us understand Shakespeare's language and to see his wit, I must admit that she failed with me. Despite managing to understand some witty remarks by a character like Beatrice or Benedick in *Much Ado About Nothing*, I did not feel like laughing after all the hard work it took me to understand them.

second argument

I think it is also important to acknowledge that society has changed a lot since Shakespeare's time. These days we are much more concerned with multiculturalism and the effect of modern technology and there are contemporary writers who deal with these topics, e. g. Amanda Craig in her novel *Hearts and Minds* or Dave Eggers in his novel *The Circle*. So why should we not rather spend more time on literature that actually concerns us?

closing paragraph: suggestion

In North Rhine-Westphalia, where I live, the Ministry of Education has taken a step in the right direction. Students who do not choose an advanced English course do not read Shakespeare's plays any longer; they watch film adaptations and discuss these. That way we get some insight into Shakespeare's work but the pictures help a great deal in understanding the message. Maybe the British should also try this approach.

Yours faithfully, — closing
Selina Mayer — name
Cologne, Germany — location

(295 words)

Teil B: Sprachmittlung

4. *In dieser Aufgabe müssen Sie eine E-Mail an einen englischen Freund oder eine Freundin verfassen. Entsprechend sollte Ihr Text umgangssprachlich sein, ohne auf entsprechendes Fachvokabular zu verzichten. Inhaltlich müssen Sie auf die Aspekte aus dem Zeitungsartikel eingehen, die erklären, warum es zu der Umsiedlung kam, wie die betroffenen Bürger*innen der Umsiedlung gegenüberstehen und welche Risiken und Chancen damit verbunden sind.*
   - *Anrede*
   - *Einleitungssatz*
   - *Aufgreifen des Anlasses für die E-Mail*
   - *Gründe für die Umsiedlung*
     - *Braunkohletagebau*
     - *Garzweiler II*
     - *Dorf wird abgerissen, 10 km entfernt neu aufgebaut, obwohl Garzweiler II nicht ausgebaut werden soll*
   - *Reaktionen der betroffenen Bürger*innen*
     - *Widerstand*
       - *Klage eines Anwohners durch alle Instanzen wegen Recht auf Heimat und Allgemeinwohl*
       - *Viele Proteste*
     - *Konstruktive Mitarbeit bei Umsiedlung*
       - *Akzeptanz der Tatsachen*
       - *Mitwirkung bei Gestaltung des neuen Ortes*
     - *Bürgermeister fühlt sich von Politik alleingelassen*
   - *Risiken und Chancen*
     - *Vereine verlieren Mitglieder, da viele Menschen wegziehen*
     - *Verschiedene Vereine schließen sich zusammen, stimmen Veranstaltungen aufeinander ab*
     - *Gemeinsames Feiern des neuen Ortes*
     - *Viele neu Hinzugezogene, insbesondere junge Familien, allerdings ohne Interessen an den Vereinen*
     - *Bessere Lage des Ortes, näher an der Stadt Erkelenz, nicht mehr abgelegen am Rand*
     - *Umgesiedelte Bürger*innen sind stärker zusammengewachsen*
     - *Distanz zu den „Neuen" besteht noch*
   - *Abschluss*
   - *Grußformel*

Hello Latisha,

greeting

How are you? I'm fine, just busy with school preparing for my exams. It was great to hear from you. It sounds as if you've read an interesting novel, which set you thinking. As you were shocked to learn how people in Nigeria lose their home due to

introductory sentence: reason for writing (article)

oil drilling, I thought the article which I came across might interest you. It was published in a German newspaper on 9th April 2018 and deals with the resettlement of a small village here in North Rhine-Westphalia.

reason why villagers are resettled

Here we have some huge areas where brown coal is produced and sometimes villages are torn down to make room for the opencast mining. The village in question was destroyed and rebuilt 10 kilometers from its original location, even though the mine will not be enlarged.

the citizens' reactions

According to the article, the citizens concerned were all against the relocation of their village. One citizen even went to court. I understand that he claimed that the relocation was against his right to a hometown and against the general public interest, but apparently, he lost his case in all courts. Once the citizens accepted the fact that they would be resettled, however, it seems they actively engaged in planning their new village. The village itself belongs to a larger city whose mayor was confronted with a huge challenge when several villages belonging to his city were relocated. The article says he felt that he was left alone by politicians with this challenge.

risks

The citizens worry that their clubs and associations are under threat. Many people left their village to move somewhere else. As a consequence, the clubs lost members, which means less money.

chances

Now the different clubs coordinate their events and festivities. The citizens who moved from the old village to the new one have grown closer and they celebrate their new home together. As the location of the village is now much closer to a bigger city, many new people moved into the village, particularly families with young children.

risks

However, they are not interested in the various clubs and associations. Therefore, it is a challenge to get them to join these clubs and to make sure that the old and the new inhabitants grow together to form a community.

conclusion

As you can see, the phenomenon of resettlement exists in Germany, too. Though I'm sure that the people here have a greater say in what happens to them.

greeting

I hope to hear from you again soon. We should also video call once again to see each other face to face.

name

So, see you soon,
Annika *(430 words)*

Schriftliche Abiturprüfung NRW – Englisch
Grundkurs: Übungsaufgabe 2

Teil A: Leseverstehen und Schreiben

Inhalt 42 P. / Sprache 63 P.

Aufgabenstellung **Punkte**

1. Point out what Peter Kellner reproaches Boris Johnson and Leave Campaigners with in his article (Material A). 12
2. Analyze the campaign poster (Material B) and how it fits Kellner's article. 16
3. Choose one of the following tasks: 14

3.1 Comment on Kellner's assessment that "the promise of better times has not been kept" (l. 28) regarding the UK's withdrawal from the EU. *(Evaluation: Comment)*

3.2 *Refugee Action* is a UK charity which aims at helping refugees and asylum seekers to build new lives in the UK. Write an article as a contribution to its website assessing the importance of learning English to establish a productive life in the UK. Use the campaign poster (Material B) as a starting point. *(Evaluation: re-creation of text)*

Text (Material A):
Peter Kellner, ***The Other Britain Waiting to Surface***

Dear Europe, don't give up on us. The best of Britain can be found not around Boris Johnson's cabinet table in London but in the hills of Greece; not snarling at France but helping traumatized Afghan families who have reached the European Union to rebuild their lives.

The Refugee Trauma Initiative (RTI), founded six years ago, is one of many British charities making a difference beyond our borders. Quietly, away from the headlines, they demonstrate daily that the cause of deep, committed cooperation with the rest of Europe lives on.

The news agenda is different. It reports battles with the EU on various fronts. The most notable of these just now are with Brussels over the Northern Ireland Protocol – part of the Brexit deal that Johnson signed two years ago but now wants to ditch – and with France over deadly trade in people paying traffickers to make the hazardous journey across the English Channel to Britain in dinghies.

On November 24, 2021, twenty-seven migrants drowned when their dinghy capsized. This should have been a moment when Britain and France came together to solve a political problem that has now become a human tragedy. However, Johnson defied the accepted norms of what to do in situations that call for delicacy and quiet diplomacy. Seeking to make President Emmanuel Macron a scapegoat, he wrote a provocative letter to France's leader and released it in time for the next day's papers Macron responded by disinviting Priti Patel, Britain's home secretary, to a meeting that had been planned to tackle the crisis.

Across the board, friction is growing between the UK and the continent. There is a reason for this. Five years ago, the UK voted by 52–48 percent to leave the EU. The campaign that achieved this narrow victory was straightforwardly nationalist: "take back control." The message was that Britain was being held back by rules and regulations that stymied the country's economy and prevented it from controlling its borders to keep out immigrants.

The trouble is that the promise of better times has not been kept. Trade with the EU is sharply down. Manufacturers whose exports have to meet EU standards don't want separate UK rules that will complicate what they do and increase their costs. The government's own Office for Budget Responsibility has predicted that Brexit will cost Britain's economy more than COVID-19 and reduce Britain's potential gross domestic product in the long term by 4 percent.

To this catalogue of failure must now be added the disaster of events in the Channel. Brexit was supposed to increase Britain's ability to keep out immigrants. Had the UK remained within the EU, it could have employed systems that were being developed to return people who did not qualify for asylum. This had some chance of deterring people from risking their lives to cross the Channel in the first place. Outside the EU, Britain must negotiate afresh. As we have seen, this is not going well.

The Brexit chickens, then, are coming home to roost. There is a fundamental reason for this – indeed, a fundamental reason why the politics of nationalist populism in all countries at all times seldom turn out well. It is that voters are swayed by grievance and the demonization of scapegoats – unwelcome immigrants, greedy bankers, dishonest politicians, interfering foreigners, arrogant elites.

Such campaigns never map out a plausible road to the future once these ne'er-do-wells have been shoved aside. The Leave campaigners conformed to type in the Brexit referendum. They steered well clear of saying what Brexit Britain would be like. It would be a debate they knew they would lose. Events have shown how wise they were.

[...] Johnson's default mode, especially with the EU, is to seek scapegoats rather than solutions. He ignores the old truth that blaming scapegoats is one way to run a campaign, but no way to run a country. While this lasts, the flame of rational, outward-looking patriotism must be kept alight by civil society. Which brings us back to the Refugee Trauma Initiative.

Three years ago I encountered [RTI's] founder at an event organized by UpRising, a mentoring charity that helps talented youngsters to achieve their potential. [...]

Her name is Zarlasht Halaimzai. She is a refugee from Afghanistan. In the mid-1990s, at the age of eleven, she escaped with her family from the Taliban. After four years without a permanent home, she arrived in the UK, speaking no English. She had to race to catch up, and did.

Zarlasht is just one example of the best of today's Britain. Dear Europe, don't give up on us. *(766 words)*

Peter Kellner, "The Other Britain Waiting to Surface". https://carnegieeurope.eu/strategiceurope/85879, 30. 11. 2021

Poster (Material B):

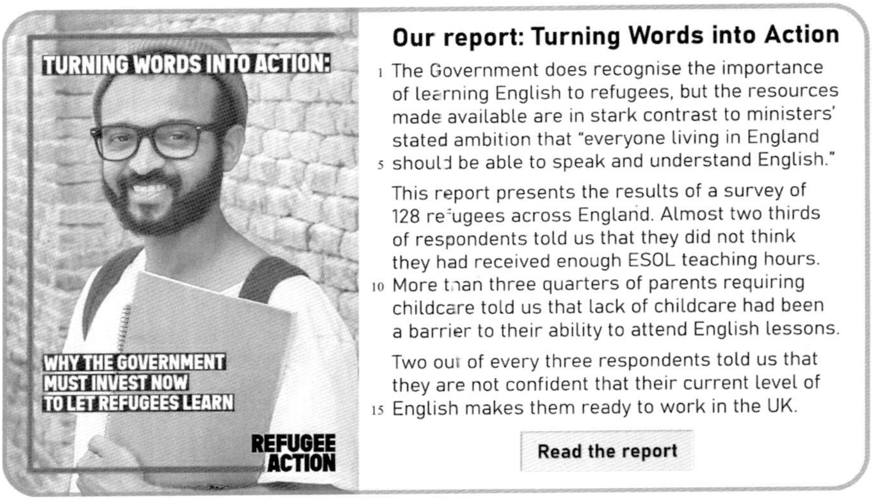

https://www.refugee-action.org.uk/let-refugees-learn/

Teil B: Sprachmittlung

Inhalt 18 P. / Sprache 27 P.

Aufgabenstellung

4. Your friend from Ireland is involved in a project called "Nourish the world" and is currently working on an article on food prices in Europe. She would like to know how this discussion is led in Germany. You have found the following article by Katharina Schmitz and want to tell your friend about some of its main points. Write an email to your friend in which you point out the different stakeholders in the discussion and their position. Also point out what according to the author must be factored in the price of food.

Text:

Katharina Schmitz: *Pellkartoffeln mit Quark sind gutes Essen*

Ungleichheit – Cem Ödzemirs Forderung zu Lebensmittelpreisen löste links der Grünen Empörung aus. Wer die Debatte differenziert betrachtet, erkennt aber vor allem eines: den Versuch, uns gegeneinander auszuspielen

Er habe das „Gefühl", uns Deutschen sei gutes Motoröl wichtiger als gutes Salatöl – so garnierte der […] Argrarminister Cem Özdemir (Grüne) kürzlich seine Forderung, Lebensmittel dürften nicht mehr zu Ramschpreisen angeboten werden. Der Preis von einem Kilo Hackfleisch müsse „die ökologische Wahrheit" besser ausdrücken. Welch ein Hohn, dachten viele, wer kein Geld hat, kann sich diese Wahrheit nämlich nicht leisten. Also weder gutes Motoröl noch kaltgepresstes Olivenöl und schon gar kein Bio-Hack. Die taz schimpfte: Snobistische Oberschichtspartei!

Es ist zum Mäuse melken, ja, aber auch wenn es uns nicht schmeckt, in der Sache hat Özdemir recht. Denn bei 3,99 Euro für das Kilo Discounter-Hack ist die tierquälerische Haltung von Schweinen oder Rindern sowie der exzessive Einsatz von Antibiotika nicht mit eingepreist. Einkalkuliert ist auch nicht der gesundheitliche Preis für fetthaltige, zuckerreiche Lebensmittel, die in Fertigprodukten stecken. Dass die Billigproduktion von Lebensmitteln schamlos auf die Ausbeutung von Niedriglöhnern geht, das ist in diesem Preis enthalten. Oder: Paprika aus der Türkei ist eben auch nur deshalb so günstig, weil der CO_2-Preis nicht einberechnet ist. Weitere Posten wären die unsinnigen EU-Subventionen, die Massen- und Überproduktion fördern und gute Lebensmittel konkurrenzunfähig machen. Schließlich fehlt ein Warnhinweis auf den Verpackungen für all diese Schweinereien im Lebensmittelsektor, ganz so wie bei den Zigarettenschachteln.

Aber weil das zugegebenermaßen alles sehr komplex ist und außerdem noch das Gewissen weiter belastet, versuchen viele, den Grünen das Etikett „Verbotspartei" anzuhängen. Die dürften den Bürger:innen nicht vorschreiben, was oder wie viel gegessen werde, moserte Bayerns Ministerpräsident Markus Söder (CSU). Ein Rezept, auf das die CSU gerne zurückgreift, insbesondere dann, wenn es ums deutsche Essen geht (Achtung: kann Spuren von Leitkultur enthalten).

Diesmal wollte Söders Attacke aber nicht zünden. Discounter wie Aldi oder Kaufland fühlten sich sogar zu Stellungnahmen verpflichtet. Das sicher auch, weil sie eine zunehmend konsumkritische Klientel bedienen. Erwartungsgemäß meldeten sich auch die Sozialverbände zu Wort. Aber, und bitte jetzt nicht falsch verstehen, auch hier sind die Menschen vielleicht weiter, als es gut meinende Sozial-Lobbyisten manchmal glauben. Lebensmittel müssen bezahlbar bleiben, ja, aber viele Normalkulinariker, auch die mit geringem Einkommen, wollen sich gesünder, nachhaltiger, ethischer ernähren. Was übrigens so manche Studie belegt. Da sind Pellkartoffeln mit Quark eben nicht nur ein günstiges, sondern auch ein gutes Essen.

Was ist noch aus der Ramschpreisdebatte zu lernen? Dass jede Person, die nicht gänzlich politikverdrossen ist, natürlich geradezu gehofft hat, ein grüner Agrarminister werde auch mal selbstbewusste Akzente setzen; dass er womöglich auch den grünen opportunistischen Pragmatismus abstellt, denn das neue Tierschutzgesetz, das die Hochleistungszucht weiter ermöglicht, haben die Grünen mitunterstützt.

Das eigentliche Leben ist nicht teurer geworden, Schuld an der steigenden Belastung sind explodierende Mieten, gestiegene Energiepreise. Aber weil Essen so zuverlässig die Gemüter erhitzt, kann man uns prima gegeneinander ausspielen. Wir sollten aber genau hinsehen, wer oder was uns auffrisst. *(488 Wörter)*

Katharina Schmitz: „Pellkartoffeln mit Quark sind gutes Essen". Erschienen in der Freitag – Die Wochenzeitung, *Ausgabe 01/2022 vom 06. 01. 2022*

Anmerkung
Z. 7 taz: Berliner Tageszeitung

Lösungsvorschläge

Teil A: Leseverstehen und Schreiben

1. *In this task you first need to identify all the mistakes Peter Kellner reproaches Prime Minister Johnson and Leave campaigners with.*
   - *Boris Johnson …*
     - *does not stick to a deal made (Northern Ireland Protocol).*
     - *does not adhere to behavioural norms.*
     - *makes Macron a scapegoat instead of using diplomacy.*
     - *does not offer solutions.*
     - *is not capable of running a country (implicit reproach).*
   - *Leave campaigners …*
     - *resort to a nationalist campaign.*
     - *demonize scapegoats.*
     - *do not offer visions for the future.*

   In his article "The Other Britain Waiting to Surface" published online on 30 November 2021, Peter Kellner presents the negative consequences of the UK leaving the EU. He reproaches Leave campaigners in general and Boris Johnson in particular with several mistakes made in the process.

   introduction: reference to source

   According to Kellner, Johnson does not stick to a deal made, namely the Northern Ireland Protocol. He blames the Prime Minister for not adhering to behavioural norms when twenty-seven migrants drowned on their way across the Channel. Instead of using quiet diplomacy, Boris Johnson tried to publicly put the blame for the tragedy on French President Macron. In general, he is convinced that Johnson is not capable of running the country because he does not offer any solutions but only looks for scapegoats.

   reproaches Johnson

   Kellner reproaches Leave campaigners with the same tactic. He claims that their campaign was very nationalist as they only used others as scapegoats but did not offer any visions for the future. Thus, they are at least partly to blame for the problems resulting from Brexit. *(174 words)*

   reproaches Leave campaigners

2. *This task is twofold and refers to both materials. First you have to analyse the campaign poster. This includes the analysis of both the visual and the textual elements and their effect on their audience. Once you have shown what the topic and the message are and how they are got across you can relate them to the given article. Show what similarities and differences regarding content there are. Don't forget to prove your point using quotes.*

Intention of the poster:

- *Raise interest in the report: eye-catching words in bold print*
  - *"Turning words into action" → refers to the saying that actions speak louder than words*
  - *"words" are part of a language, which helps refugees to make themselves be heard in a society*
  - *"Why the government must invest now to let refugees learn" → demand that government invests in teaching English and promises reasons why this investment is important → draws attention to the report by giving its gist*
  - *"Refugee Action" → name of organization publishing the campaign; "action" is used again → suggests that this organization really acts and does not only talk*
- *Convey a positive impression of refugees and migrants*
  - *Dark hair and eyes, darker skin → supposedly a refugee, person with migrant background*
  - *Wearing glasses, carrying a backpack (straps are visible) and a notepad → appears to be a student*
  - *Smiling, looking at the viewer → seems to be nice, friendly and open*
- *Stress importance of speaking English*
  - *Quote of ministers (ll. 3–5)*
  - *Relation between being good at English and being able to work established (ibid, cf. ll. 14/15)*
- *Reproach the government with being all words*
  - *Headline*
  - *"stark contrast" (ibid, l. 3) between recognising "the importance of learning English to refugees" (ibid, ll. 1/2) and spending an appropriate amount of money on that aim*
  - *Numbers and facts underline the claim (ibid, ll. 6–15).*

Relation to the article:

- *Similarities:*
  - *Charity helping refugees; comparable to RTI (Material A, l. 5) → example of "the other Britain waiting to surface" (ibid, headline)*
  - *Kellner uses Zarlasht Halaimzai as an "example of the best of today's Britain" (ibid, l. 61) → refugee from Afghanistan*
  - *Man in the campaign poster could also become such an example*
  - *Zarlasht Halaimzai didn't speak English (cf. ibid, l. 59) but managed to "catch up" (ibid, l. 60) → importance of language proficiency*
  - *Reproaches towards the government*
- *Differences:*
  - *Campaign is about helping refugees across England*
  - *Article focuses on the negative effects of the UK withdrawing from the EU, e. g. human tragedy of migrants drowning in the channel.*

The poster published on the website www.refugee-action.org.uk aims at raising interest in the work of the organization Refugee Action, more specifically in their report on the importance of refugees learning English. To do so, it relies on visual and textual elements. Its message can easily be put in relation to the article by Peter Kellner.

introduction

thesis

The campaign poster is divided into two sections. On the left there is a picture with a couple of words written on it. The text accompanying the poster is printed on the right-hand side of the poster.

main part:
poster, layout

The words on the left-hand side are eye-catching because they are printed in big, bold and capitalized letters. On the top it says "TURNING WORDS INTO ACTION", which refers to the saying that actions speak louder than words.

eye-catching words

In the lower left corner, it says, "WHY THE GOVERNMENT MUST INVEST NOW TO LET REFUGEES LEARN", which is a clear demand that the government should invest in teaching refugees English. The phrase also promises reasons why this investment is so important and thus motivates the viewer to read the report.

In the lower right-hand corner, the name of the organization behind the campaign is printed. It is "REFUGEE ACTION".

Also on the left-hand side, there is the picture of a man in a medium shot. We can see a man with dark hair, beard and eyes, who has dark skin. Thus, it can be assumed that he is one of the refugees the campaign is about. He is wearing glasses and carrying a notepad. One can also see straps, which indicate a backpack. Accordingly, the man seems to be a student. He is smiling and is looking straight at the viewer. As a result, he seems to be nice, friendly and open. All in all, the image conveys a positive impression of refugee seekers.

visual elements

The text on the right-hand side stresses the importance of speaking English. First, there is the quote of "ministers" (Material B, l. 3), who can be considered authorities and who demand that "everyone living in England should be able to speak and understand English" (ibid, ll. 4/5). Second, the text establishes a relation between being good at English and being able to work in the country (cf. ibid, cf. ll. 14/15).

textual elements

quotation of authority

The organization reproaches the government with being all words (cf. ibid, headlines) as there is "a stark contrast" (ibid, l. 3) between recognising "the importance of learning English to refugees" (ibid, ll. 1/2) and spending an appropriate amount of money on that aim. Numbers and facts given from the report

numbers, facts

(cf. ibid, cf. ll. 6–15) support that claim by showing what experience refugees have.

As the campaign is about an organization which helps refugees, it fits Peter Kellner's article. Like the organization RTI (Material A, cf. l. 5), Refugee Action can be seen as an example of "the other Britain waiting to surface" (ibid, headline). relation article – poster

While Kellner uses Zarlasht Halaimzai, a refugee from Afghanistan who founded RTI, as an "example of the best of today's Britain" (ibid, l. 61), the campaign poster relies on a male refugee, who could probably become such an example as well, if he got the chance and support. Also, Zarlasht Halaimzai did not speak English when she came to England (cf. ibid, l. 59) but managed to "catch up" (ibid, l. 60). Thus, the importance of language proficiency is another common aspect in both texts. similarities

However, there are also differences. The campaign is about helping refugees across England. The article focuses mainly on the negative effects of the UK withdrawing from the EU. The consequence this withdrawal has for refugees is one important example. The author mentions the "human tragedy" (ibid, l. 16) of migrants drowning in the Channel in an effort to reach the UK. differences

On the whole, the campaign poster fits the article well because it is another example illustrating Kellner's headline and also reproaches the government with not dealing appropriately with refugees. **conclusion**

(662 words)

3.1 *Here you are asked to comment on a quote from the article. That means that you should explain the quote and put it in the context of the article. Then you need to express your view on the author's statement and support it with arguments, giving facts and examples. As you are meant to comment you do not necessarily need to consider the pros and cons but it always makes an argumentative text more convincing to consider both perspectives.*

- *Meaning of the quote and context:*
  - *Leave campaigners promised to "take back control" (ll. 24/25)*
  - *According to Kellner this was a "straightforwardly nationalist" (l. 24) campaign, focusing on putting the blame on various scapegoats (cf. ll. 43/44).*
  - *Leave campaigners had no vision for the future (cf. ll. 45–49)*
  - *He gives multiple examples of the trouble the UK is in after Brexit.*
    - *Conflict with EU about Northern Ireland Protocol (cf. l. 10)*
    - *Border control, resulting in human tragedy (cf. ll. 34–39)*
    - *Trade, economy (cf. ll. 28–33)*

- *Possible arguments to support Kellner's view:*
  - *Freedom of movement ended, strict rules for EU workers coming to the UK → staff shortage e. g. in hotels and transportation*
  - *Fewer European visitors, e. g. school trips rather to other English-speaking countries because non-EU pupils need expensive visas*
  - *Trade more complicated → many forms need to be filled out → difficult especially for smaller companies*
  - *Trading boundary between Republic of Ireland and Northern Ireland would have put peace process at risk → Northern Ireland Protocol shifts trading boundary between British mainland and Northern Ireland*
- *Possible counter argument: So far no conclusive statement can be made → not clear which effects are related to Covid pandemic and which to Brexit*
- *Conclusion: too soon to make a final assessment, however, there seem to be more disadvantages*

introduction
Kellner's quote, explanation

In his article, Peter Kellner comes to the conclusion that "the promise of better times has not been kept" (l. 28) regarding the effects the withdrawal from the EU has on the UK. According to him, the campaign was a "straightforwardly nationalist" (l. 24) one, focusing on putting the blame on various scapegoats (cf. ll. 43/44). He claims that the Leave campaigners promised to "take back control" (ll. 24/25) without having a vision for the future (cf. ll. 45–49).

main part:
Kellner's examples

To support his assessment, he gives multiple examples of problems the UK faces after Brexit. First, there is the Northern Ireland Protocol (cf. l. 10), second, there is border control (cf. ll. 34–39) and third, there is a decrease in trade and economic output (cf. ll. 28–33). Let me consider all three examples.

comment on Kellner's view:
Northern Ireland Protocol

With the withdrawal from the UK, the European-British border lay within Ireland, between the Republic of Ireland and Northern Ireland. This economic conflict put the Irish peace process at risk. I consider this peace process to be more relevant than an economic conflict because the Troubles in Northern Ireland led to many attacks and a lot of bloodshed.

border control

Border control was tightened after Brexit. As a consequence, the freedom of movement ended. Therefore, it has become more difficult for EU workers to take on jobs in the UK. As a result, haulage and hotels are short-staffed. I vividly remember pictures of cars queuing for fuel because there were not enough lorry drivers to deliver petrol to filling stations. Border control is also a reason for a decline in visitors to the UK. For example, schools rather tend to travel to Ireland these days because visas for non-EU pupils are too expensive.

Trading definitely has become more problematic as many forms need to be filled in to trade goods between the UK and the EU. This costs time and money, which is a problem, especially for smaller companies. trading problems

To be fair, I must admit that right now, it is not clear what is the consequence of Brexit and what is pandemic-induced. However, to me it is clear that it makes no sense to close borders as we live in a globalised world anyway. *(370 words)* **conclusion**

3.2 *In this task you need to assess the importance for immigrants to learn English in order to integrate and be able to live a productive life in the UK. The article is to be published on the website of Refugee Action. Therefore, its content needs to fit their aim, which is to promote English classes for refugees. Consider what aspects of daily life can be dealt with more easily if one speaks the language of the host country. Think about work, education, social life, for instance. You are also required to refer to the campaign poster (Material B). So read the relevant passages again and consider how to use them in your article. Remember to find an appropriate headline.*

- *Material B*
  - *Promotes the importance of learning English*
  - *Two thirds of the people questioned in the survey "are not confident that their current level of English makes them ready to work in the UK" (ll. 14/15). → most probably will not apply for higher skilled work*
- *Jobs*
  - *Immigrants limited to working in immigrant community or take on lower paid jobs, if they do not speak English well enough*
- *Housing market*
  - *Adverts for houses in English*
  - *Landlords tend to prefer people who speak English.*
  - *Necessity to read and sign contracts*
- *Social life*
  - *Harder to make friends, to join clubs, to integrate and feel at home*
- *Getting things done depends on language skills*
  - *Filling in forms*
  - *Travelling in the country*
- *Conclusion: Both the immigrant and the host community profit, if immigrants learn English*

Language is the key to a productive life headline

Everybody who has travelled to a country where people speak no or little English has first-hand experience what it means not to be able to communicate with people of the host community. While being on holiday this may be a minor problem or even seem an exciting challenge. However, if one wants to stay in opening paragraph: raise the problem the country, it soon becomes a major problem. Refugees coming to the UK can tell you a thing or two about it.

Without speaking English, it is very difficult to get things done. On arriving in the UK, refugees have a lot of contact with public authorities. They need to fill in innumerable forms. All this is difficult if one does not speak English. Daily life is also difficult, as it is harder to buy tickets for public transport or do the shopping, for example. That's why refugees tend to stay in immigrant communities with others who speak the same language and can help one another. This is something we tend to mistake as proof that immigrants do not want to integrate.

first problem: getting things done

The housing market is another challenge. Obviously, adverts are published in English. Often, landlords prefer people who speak English and then there is the rental contract, of course, which is hard to read and risky to sign, if one does not understand what it says. Again, under these circumstances it makes sense for refugees to stay within their own community.

second problem: housing

Finding a job is an important part of leading a productive life. A survey we conducted among 128 refugees shows that two thirds of them "are not confident that their current level of English makes them ready to work in the UK." (Material B, ll. 14/15) As a consequence, these people will only take on jobs which do not involve a lot of talking and rely more on using one's hands. However, these are often low-paid jobs and many refugees are learned workers or academics, whose skills could be put to better use in the UK.

third problem: jobs

reference to article

Offering language classes to refugees is a major precondition for enabling them to integrate into our society. It is to the advantage of both the refugees and of the host community. Therefore, our government must be true to its word and invest in English classes for refugees. *(390 words)*

conclusion

demand

Teil B: Sprachmittlung

4. *Der Zieltext ist eine E-Mail an eine Freundin aus Irland. Anrede und Abschluss sollten entsprechend persönlich und der Stil eher informell sein. Inhaltlich geht es um Lebensmittelpreise und wie diese in Deutschland diskutiert werden. Sie sollen darstellen, wer die unterschiedlichen Akteure sind und welche Position diese vertreten. Außerdem sollen Sie beschreiben, welche Kosten nach Ansicht der Autorin in die Lebensmittelpreise eingerechnet werden sollten, um realistische Preise zu erzielen. Bedenken Sie, dass die Freundin die Partei CSU und die*

Zeitung taz vermutlich nicht kennt und Sie solche Begriffe umschreiben sollten.

- *Anrede:* Hi, Hello, Dear …
- *Einleitungssatz*
- *Akteure und ihre Positionen:*
  - *Cem Özdemir, Agrarminister, Partei Bündnis 90/Die Grünen:*
    - *Lebensmittel werden zu Ramschpreisen angeboten.*
    - *Preise müssen die ökologische Wahrheit ausdrücken.*
  - *Die taz, Tageszeitung:*
    - *Viele Menschen könnten sich teurere Lebensmittel nicht leisten.*
    - *Forderung einer „[s]nobistischen Oberschichtspartei" (Z. 7)*
  - *Markus Söder, Bayerns Ministerpräsident, CSU: Man darf den Menschen nicht vorschreiben, wie viel sie wovon essen.*
  - *Sozialverbände: Lebensmittelpreise müssen bezahlbar bleiben*
  - *Lebensmitteldiscounter Aldi und Lidl: verteidigen sich gegen die Vorwürfe, weil sie konsumkritische Kund*innen haben*
- *Nach Sicht der Autorin müsste eingepreist werden:*
  - *„tierquälerische Haltung von Schweinen oder Rindern" (Z. 9/10)*
  - *„der exzessive Einsatz von Antibiotika" (Z. 10/11)*
  - *„der gesundheitliche Preis für fetthaltige, zuckerreiche Lebensmittel, die in Fertigprodukten stecken" (Z. 11/12)*
  - *„Ausbeutung von Niedriglöhnern" (Z. 13)*
  - *„CO_2-Preis" (Z. 15)*
  - *„EU-Subventionen, die Massen- und Überproduktion fördern" (Z. 16)*
- *Abschluss*

Hi Cath,

address

How are you? I hope you're well. I'm studying hard for my A-levels and don't have the time for interesting projects like yours. But I found an article published in a German weekly newspaper on 6 January 2022. It was written by Katharina Schmitz and deals with food prices in Germany. So, it fits your topic perfectly.

opening sentence

reference to article

Our minister of agriculture, who is a member of the Green Party, triggered the discussion on food prices when he claimed that food is far too cheap. He wants food prices to better express what he calls the ecological truth. That means food prices should also include the price we all have to pay for environmental damage caused by food production.

stakeholder: minister of agriculture

Schmitz, the author of the article, lists a couple of things that, according to her, should be included in food prices. She mentions the cruel way in which animals are kept, the excessive use of antibiotics, the expenses that fatty and sweet foods lead to in healthcare, the exploitation of cheap labour, the price that has to be paid for the emission of carbon dioxide during the

the author's view

production and transportation of food and EU subsidies that support mass and excessive production.

Journalists from a German daily complained that people are not able to pay higher prices for food. They reproached the Green Party with being snobs and representing just the upper class. Social welfare associations agree that food must be sold at an affordable price.

stakeholders: journalists

social welfare associations

Another participant in the discussion is the governor of Bavaria, who is a member of the conservative party CSU. He says that the Green Party wants to rule by telling people what to do, which he believes to be wrong.

governor of Bavaria

Finally, also discount grocery stores like Aldi and Lidl, which you also know in Ireland, I believe, joined the discussion and defended themselves against the minister's reproaches. Their clients are increasingly aware of problems regarding food production, so they had to counter the accusations.

discount grocery stores

That's as far as the article goes. I hope the information is helpful for your project.

Write soon and please keep your fingers crossed for my exams!

ending

Take care,
Tobi

salutation

(356 words)

Schriftliche Abiturprüfung NRW – Englisch
Grundkurs: Übungsaufgabe 3

Teil A: Leseverstehen und Schreiben

Inhalt 42 P. / Sprache 63 P.

Aufgabenstellung

		Punkte
1.	Describe the cartoon and the political issues and views concerning democracy presented in both cartoon and speech. *(Comprehension)*	12
2.	Examine how these issues and views are presented. Consider the textual and visual features of the cartoon and the rhetorical devices of the speech as well as the effects created. *(Analysis)*	16
3.	Choose **one** of the following tasks.	14
3.1	Comment on the cartoon. Refer to work done in class on global challenges.	
3.2	After you have read Sanders' speech, you write a post to submit to an American quality blog in which you comment on Sanders' view on the threats to democracy in the USA and also refer to the situation in Germany.	

Text:
Bernie Sanders: 58th Green Foundation Lecture

Bernie Sanders is the Senator of the US State of Vermont. In 2015/2016 he initially campaigned to become the Democratic presidential nominee before he withdrew and supported Hillary Clinton against Republican Donald Trump.

Bernie Sanders, Westminster College, Missouri, 21 September 2017

Foreign policy is about whether we continue to champion the values of freedom, democracy and justice, values which have been a beacon of hope for people throughout the world, or whether we support undemocratic, repressive regimes, which torture, jail and deny basic rights to their citizens.

What foreign policy also means is that if we are going to expound the virtues of democracy and justice abroad, and be taken seriously, we need to practice those values here at home. That means continuing the struggle to end racism, sexism, xenophobia and homophobia here in the United States and making it clear that when people in America march on our streets as neo-Nazis or white supremacists, we have no ambiguity in condemning everything they stand for.

There are no two sides on that issue. […]

So when we talk about foreign policy, and our belief in democracy, at the very top of our list of concerns is the need to revitalize American democracy to ensure that governmental decisions reflect the interests of a majority of our people, and not just the few – whether that few is Wall Street, the military industrial complex or the fossil fuel industry. We cannot convincingly promote democracy abroad if we do not live it vigorously here at home.

Maybe it's because I come from the small state of Vermont, a state that prides itself on town meetings and grassroots democracy, that I strongly agree with Winston Churchill when he stated his belief that "democracy is the worst form of government, except for all those other forms."

In both Europe and the United States, the international order which the United States helped establish over the past 70 years, one which put great emphasis on democracy and human rights, and promoted greater trade and economic development, is under great strain. Many Europeans are questioning the value of the European Union. Many Americans are questioning the value of the United Nations, of the transatlantic alliance, and other multilateral organizations.

We also see a rise in authoritarianism and right-wing extremism – both domestic and foreign – which further weakens this order by exploiting and amplifying resentments, stoking intolerance and fanning ethnic and racial hatreds among those in our societies who are struggling. […] *(370 words)*

Bernie Sanders: Green Foundation Lecture, 21 Sept 2017 – Westminster College, Fulton, Missouri

Annotation

l. 11 Here Sanders is referring to a protest in Charlottesville in 2017 during which a woman was killed by white supremacists. Trump explained that both sides (left and right) were to blame for the violence.

Cartoon:

Stephen Bolton/cartoonstock.com

Teil B: Sprachmittlung

Inhalt 18 P. / Sprache 27 P.

Aufgabenstellung

4. You are doing an internship with an organisation that focuses on revealing everyday racism in European countries. You are asked to write an internet article for the organization's website aiming at young readers. Based on Ferda Ataman's article you want to write about German post-colonialism, on what it means and how it is visible these days.

Text:

Deutscher Neokolonialismus: Afrika ist kein Land!

Eine Kolumne von Ferda Ataman

[...] Sie haben bestimmt schon oft einen Satz gehört, der mit, „ein afrikanisches Sprichwort sagt" beginnt. Aber was soll das sein, ein afrikanisches Sprichwort? Kennen Sie ein europäisches Sprichwort? Die meisten Menschen bei uns denken: „Afrika? Das ist doch das Land, aus dem die Flüchtlinge kommen und das ohne uns aufgeschmissen wäre."

Unsere Wahrnehmung von Afrika ist immer noch einfältig und von kolonial-rassistischen Klischees geprägt. Dass es sich um einen Kontinent handelt, mit 54 verschiedenen Staaten und über einer Milliarde Einwohnern – egal. Dass Europäer dort bei fast jeder Misere noch ihre Finger im Spiel haben, politisch, wirtschaftlich, militärisch – unbekannt. Dass viele in Europa heute noch eine kolonialistische Sicht auf Afrika und Schwarze Menschen haben – wird ignoriert.

Wir sehen uns lieber selbstverliebt als „Helfer". Aber die EU schickt keineswegs nur Entwicklungshilfe, sie überschwemmt afrikanische Länder mit subventionierten Produkten wie italienischem Tomatenmark, dänischem Milchpulver und deutschem Tiefkühlhühnchen. Der Kontinent ist ein wichtiger Absatzmarkt für die europäische Wirtschaft. Dass dadurch afrikanische Produzenten arbeitslos werden? Das gehört in einer globalisierten Welt nun mal dazu. Aber wehe, perspektivlose Afrikaner wollen deswegen zu uns.

[...]

Was wissen Sie eigentlich über Deutschland als Kolonialmacht? Vermutlich so gut wie nichts, wie die meisten bei uns. Wir lernen darüber kaum etwas in der Schule, und wenn, dann sowas: Deutschland hatte nur ganz kurz ganz wenige Kolonien. Die Briten waren da viel schlimmer.

Mit Kenntnis der Fakten – mehr als 30 Jahre Gewaltherrschaft und Ausbeutung in mehreren Ländern – könnte man auch zu einem anderen Schluss kommen. Die ehemaligen deutschen Kolonien heißen heute: Tansania, Burundi und Ruanda, Kamerun, Togo, Namibia, Papua-Neuguinea (teilweise), ein Teil der Samoa-Inseln und ein Fleckchen von China, Teile Mikronesiens, Marshall-Inseln. Die Filmemacherin Nadja Ofuatey-Alazard zeigt in ihrer Dokumentations-Reihe, welche Folgen der deutsche

Kolonialismus bis heute hat. Haben die unterjochten Menschen mal nicht gespurt, wurde es blutig. Da kannten die deutschen Eindringlinge kein Pardon. Aber um den Genozid der Deutschen an den Herero und Nama oder die nach Schätzungen mindestens 180 000 Toten des Maji-Maji-Kriegs Anfang des 20. Jahrhunderts soll es in diesem Text nicht gehen. Es geht um die Gegenwart.

Rassenlehre – erst seit 20 Jahren verpönt?

Offenbar lehrte man in einer sächsischen Schule die physiognomischen Merkmale von „negriden", „europiden" und „mongoliden Rassekreisen". Die sogenannte Rassenlehre ist Bestandteil eines Themenhefts aus dem einstigen DDR-Verlag „Volk und Wissen", das 1998 (!) herausgegeben wurde und eigentlich nicht mehr im Umlauf sein sollte. Eigentlich. Aber in Sachsen muss Unterrichtsmaterial nicht mehr staatlich geprüft werden, da entscheidet die Schule. Und mindestens eine, laut der Grünen-Landtagsabgeordneten Petra Zais vermutlich noch mehr, verwenden das alte Material noch. So alt ist es ja auch nicht.

Der Vorfall wurde im vergangenen Dezember bekannt, diese Woche sprach das sächsische Kultusministerium von einem „bedauerlichen Einzelfall". An einer Schule sei „leider ein 20 Jahre altes Schulheft verwendet" worden, „das nicht den neuen Lehrplaninhalten entspricht". Ist das ein Scherz? Heißt das, vor 20 Jahren war das noch okay?

Der Begriff Postkolonialismus beschäftigt sich mit den Langzeitfolgen des Kolonialismus, von denen es – Überraschung! – noch immer viele gibt. Ein krasses Beispiel ist das sächsische Schulmaterial. Weniger krass, aber genauso ärgerlich sind beliebte deutsche Urlaubs-Serien wie das „Traumschiff" […]. Achten Sie doch mal darauf, wie oft dort Schwarze Menschen und People of Color als Bedienstete, eingeborene Tänzerinnen oder „wilde" Schönheiten vorkommen.

Postkolonialismus heißt: Der Kolonialismus wurde formell abgeschafft, die kolonialistische Weltsicht ist noch da. […] *(552 Wörter)*

Ferda Ataman, DER SPIEGEL, 26. 1. 2019, https://www.spiegel.de/kultur/gesellschaft/afrika-ist-kein-land-deutschland-als-kolonialmacht-kolumne-a-1249963.html

Lösungsvorschläge

Teil A: Leseverstehen und Schreiben

1. *The task involves several steps: Firstly, you need to describe the cartoon in detail and then you need to summarise the message with regards to the issues addressed and the view expressed. Finally, you must point out what issues and views Bernie Sanders presents in his speech given at Westminster College, Missouri.*
   - *Description of the cartoon:*
     - *Title: democracy wear – this northern hemisphere summer*
     - *Foreground: a person in protective wear, covered from head to toe*
     - *Carrying a baton and a gun*
     - *Textual elements describe the protective wear and its function: baton to encourage democracy, armour to defend it, helmet to protect it, visor to shield against undemocratic things, gun to guarantee democracy*
     - *Background: a whole unit of people dressed exactly like the person in the foreground*
     - *Very dark image*
   - *The cartoon's message:*
     - *Democracy is threatened in the entire northern hemisphere*
     - *It will not be easily protected*
   - *Issues and views presented in Sanders' speech:*
     - *Topic: the importance of democracy, freedom and justice*
     - *Foreign policy implies that the USA promotes freedom, democracy and justice.*
     - *To do so convincingly the USA has to set an example at home → live and act according to these values.*
     - *Democracy is threatened in the USA and in Europe because more and more people rely on authoritarian rulers and share view of the extreme right.*
     - *Multilateral organizations, which value democracy, receive less support.*

The cartoon, published in 2017, and the speech delivered on 21 September 2017 by Bernie Sanders at Westminster College in Missouri, deal with the question of how democracy can be protected. *(reference to sources; topic)*

In the foreground, the cartoon shows a huge person, who is covered from head to toe in protective wear and is carrying a baton in his or her right hand and a gun in the left hand. The protective wear and the weapons, as well as their respective function are described in the textual elements. According to these, the baton is meant to encourage democracy. The armour is used to defend democracy, the helmet to protect it, the visor *(description of cartoon)* to shield against undemocratic things and finally the gun to guarantee democracy. The caption above the person describes this protective wear as "democracy wear" in the northern hemisphere that summer. In the background, a whole unit of people dressed exactly like the person in the foreground can be seen. The colours of the cartoon seem to be rather dark and gloomy.

message of cartoon

The message of the cartoon seems to be that democracy is under threat in the entire northern half of the Earth and needs to be rigorously protected.

issues addressed the speech

In his speech, Bernie Sanders also addresses the threat under which democracy supposedly finds itself. He, as well, perceives that this threat is present not only in the USA but also in Europe. According to him, the USA has to promote values like democracy, freedom and justice through its foreign policy. In order to be able to do so convincingly, US Americans have to live up to these values in their own country. However, he criticizes the fact that this is currently not the case because President Trump is ambiguous when it comes to condemning white supremacy and the government as a whole only takes into account the interests of a minority.

Sanders observes a decreasing support of multilateral organisations as well as an increasing support of authoritarianism and of right wing extremism, not only in the USA but also in other countries. He believes that these developments pose a threat to democracy.

Thus, both materials deal with the threat that democracy faces and the question of how it can be protected. *(370 words)*

2. *Both the speech and the cartoon deal with the threat that democracy faces and make suggestions how democracy can be safeguarded You need to analyse how the cartoonist conveys this threat and what his suggestion is. Therefore, you need to take into account both the textual and visual elements described above. Though Sanders also sees the threat that democracy faces, his solutions are different. Focus on the rhetorical devices he uses to convey his view. Finally, analyse the effect both the cartoon and the speech have on the audience.*
   - *The* **cartoon** *depicts democracy as being threatened.*
     - *Protection wear becomes democracy wear; to defend democracy one needs to be heavily protected → heavy and maybe even violent struggle*
     - *Huge soldier and army; dehumanized, like machines → intimidating*
     - *A whole unit is standing ready behind the huge soldier/policeman → it needs many people to protect democracy*
     - *Choice of words: to defend, to protect, to shield against → stress the protection that democracy needs*

- *Choice of words: guarantee, encourage = positive → convey hope that task can be fulfilled*
- *Dark image → threatening atmosphere*

– *The solution offered is a violent one.*
  - *Soldiers/police not citizens protect democracy*
  - *Baton and gun are used instead of words and arguments*
  - *Solution is paradoxical*

– *Bernie Sanders stresses the importance of democracy.*
  - *Enumeration (ll. 1/2) → important values to be promoted*
  - *Image ("beacon of hope" (l. 2) → importance of these values all over the world*
  - *Parallel sentence structure (ll. 1–4) → stresses behaviour of undemocratic regimes*
  - *Quotes authority (ll. 20/21) → there is no alternative to democracy*

– *The US American government needs to set an example at home.*
  - *Enumeration of attitudes that are undemocratic and need to be fought (ll. 7/8) → shows what needs to be improved in the US*
  - *Allusion (l. 11) → criticizes President Trump*
  - *Enumeration (ll. 15/16) → names minority whose influence on domestic policies must be reduced*

– *Democracy is threatened.*
  - *Enumeration (ll. 26/27) and parallelism (ll. 25–27) → decreasing support of multilateral organizations apparent in US and Europe, threat to democracy*
  - *Enumeration (ll. 29/30) → adds further threats to democracy*

introduction: reference to task, thesis

Both the cartoon and the speech deal with the threat that democracy is facing and both present suggestions how to strengthen and to defend democracy. However, the solutions offered differ strongly. To convey their views the cartoonist relies on visual and textual elements whereas the speaker uses rhetorical devices, mainly enumeration.

main part: textual and visual features of cartoon, effects

The visual and textual elements of the cartoon indicate that democracy is severely threatened. The image, which is dark and gloomy, creates a threatening atmosphere. The huge person dressed in protective wear, supposedly a soldier or a member of a special unit, is intimidating due to its sheer size. This is further supported by the dehumanized appearance of the creatures. What is usually protective wear, and which is used in combat, is called democracy wear in the cartoon. And according to the caption it is employed "in the northern hemisphere [that] summer". This indicates that one needs to be heavily protected to defend democracy, which in itself seems to convey the view that it may be a fierce and even violent struggle to do so. This impression is further stressed by the fact that there is a whole unit standing ready behind the huge soldier. Obviously, a lot of manpower is needed for the task at hand, especially as the threat spreads over the entire northern hemisphere. The viewer appears to be facing this army, which further increases the threatening atmosphere.

The choice of words stresses the soldiers' task ("armour to defend", "helmet to protect", "visor to shield against"). All these verbs indicate that democracy needs support. The other two verbs employed are more positive ("baton to encourage", "gun to guarantee democracy"). The last verb especially expresses some hope that the task can be fulfilled. As a consequence, the size of the soldier can then also be seen as rather reassuring because he should be able to guarantee safety.

cartoon offers violent solution

Still, it appears rather paradoxical that soldiers should defend democracy and not citizens who peacefully march in its support. The same is true for the weapons. Words and arguments are usually used to defend democracy, as opposed to soldiers. The cartoonist, however, seems to suggest the need for a violent solution or at least indicates that one should be ready to go to extremes to safeguard democracy. This emphasizes even more how very much endangered it must be.

transition: speech offers different approach

Bernie Sanders' focus is slightly different. He stresses more the importance of democracy and shows non-violent ways to protect it because he, too, accepts that democracy is threatened and needs protection.

rhetorical devices in the speech and their effects
→ enumeration
→ image
→ parallelism, enumeration
→ quotes authority

To underline its importance, he employs the word democracy in an enumeration with other indisputably important values, namely "freedom, democracy and justice" (ll. 1/2). Furthermore, the speaker uses a well-known image to stress the far-reaching influence of democracy when he calls the aforementioned values "a beacon of hope" (l. 2). The parallel sentence structure in this first paragraph and another enumeration also point at the inacceptable behaviour of undemocratic states as they "torture, jail and deny basic rights" (ll. 3/4). Later on, Sanders quotes Winston Churchill to show that there is no alternative to democracy (cf. ll. 20/21). This quote supports Sanders' view and also disarms those who might oppose democracy.

→ enumeration
→ allusion

In order to defend democracy, Sanders relies on foreign policy and on positive examples. He demands the USA to "practice those values […] at home" (ll. 6/7). To prove that there is indeed work to be done, he enumerates attitudes which are undemocratic and need to be fought (cf. ll. 7/8). He also criticizes President Trump when he alludes to the fact that he did not take a clear stand against white supremacists in 2017 (cf. l. 11). He also accuses the Trump administration of not working for the majority of the American people but for the select few, namely for "Wall Street, the military industrial complex or the fossil fuel industry" (ll. 15/16). Thus, at least implicitly, Trump and his administration are presented as enemies to democracy. Another threat to democracy, according to Sanders, is the decreasing support of multilateral organizations. The use of parallelism (cf. ll. 25–27) stresses that this tendency can be found in the USA and in Europe which makes it even more dangerous as it is widely spread. Finally, the politician identifies "a rise in authoritarianism and right-wing extremism" (l. 28) as a further threat to democracy and enumerates its consequences (cf. ll. 29/30). Thus, he depicts a negative image of a society which does not defend democracy.

→ parallelism

→ enumeration

conclusion

All in all, it can be said that both texts point out the danger democracy faces but in different ways. The cartoonist seems to suggest a violent struggle. Sanders, by contrast, favours a peaceful way and demands the USA to set a positive example. Due to the different genres, the cartoonist relies more on visual elements to convey his message whereas Sanders makes use of rhetorical devices. *(820 words)*

3.1 *It is your task to express your opinion on the cartoon's message and give arguments to support it. As you are asked to write a comment, you do not have to present the pros and cons but may argue for your view only. However, it is always a good idea to disarm possible counterarguments to be more convincing. The arguments you use need to be based on background knowledge acquired in class on global challenges, here especially on the threat democracy faces and on possible consequences.*

- *Briefly refer to the cartoon's message as explained above.*
- *Possible arguments*
  - *Democracy is under threat*
    - *Number of people casting their votes declines.*
    - *Social media, especially bots influence elections.*
    - *Trump is often said to be a threat to democracy.*
      - *He does not reject violence unambiguously.*
      - *He deepens the social divide in the USA.*
      - *He attacks the press.*
  - *Many people inside and outside the USA stand up for their rights.*
    - *Women's March*
    - *Black Lives Matter*
    - *Occupy Camps*
- *Conclusion: Partially approve of the cartoon's message.*

The cartoon creates the impression that democracy is heavily under threat in the entire northern hemisphere and that we need to be ready to go to extremes, implying violent measures, to protect democracy. Both aspects need to be considered carefully before coming to a conclusion.

introduction: reference to cartoon

The cartoon remains rather vague when it comes to the threats against democracy. It only mentions the need "to shield against undemocratic things". There certainly are numerous reasons why democracy can be considered endangered. For one, the number of people casting their vote in elections decreases, especially among young people. Secondly, voters get influenced by social media, especially through social bots, which purposefully spread news, sometimes even fake news, to discredit politicians. These bots are also used from abroad to influence elections in another country. The most prominent example is the presidential election in the USA in 2016. Thirdly, there are politicians in different countries in the northern hemisphere who jeopardize democracy. Trump, for example, does not reject violence unambiguously and does not distance himself unequivocally from right-wing extremists, as could be seen after the tragic incident in Charlottesville in 2017. Furthermore, he attacks the press, which is a vital force in a democratic country. Finally, in some countries, e. g. in Turkey or Poland, leading politicians have a strong influence on the legislative or judicial power, which contradicts the separation of powers.

main part: arguments to support that democracy is in danger

On the other hand, there are people who stand up against this tendency. Shortly after Trump's election, there were women's marches spreading around the globe to promote not only women's rights but also civil rights in general. People marched against nationalism and injustice as well. Also, Occupy Camps can be found in many countries around the globe. Their main aim is to fight economic injustice. These two examples go to show that people are still willing to fight for their rights and thus form a vital part of democracy. They mostly do so peacefully without turning to violent measures.

arguments against the cartoon's call for a violent solution

I firmly believe that non-violent measures to protect democracy are, in the long run, more efficient than violent measures because violence discredits the fight for democracy. I certainly hope that it will not become necessary to put on combat wear to defend democracy because it would be a contradiction in itself. Thus, I certainly share the cartoonist's view when it comes to the state of democracy in the northern hemisphere but I do not approve of the measures he seems to suggest. *(409 words)*

conclusion

3.2 *Writing a blog posting implies that you make your opinion clear and support it with arguments. In this case you need to comment on the state of democracy in the USA and in Germany. You also need to catch your reader's attention, for example by coming up with a catchy title. A blog is a rather informal text genre. However, here you are writing it for an American quality paper so you should stick to everyday English rather than using colloquial expressions.*

- *Find a title that catches the reader's eye and refers to the content of your blog.*
- *Make your main point right at the start.*
  - *Say if you share Sanders' views or not.*
  - *Briefly state your view on the situation in Germany.*
- *Use the following paragraphs to go into detail, to add background information and to present your arguments.*
  - *Set examples at home.*
  - *Both countries face an increase in authoritarianism and right-wing extremism: USA: Charlottesville, Germany: AfD, Pegida*
  - *In both countries the government does not always work for its people: Increasing social divide, lobbyism*
  - *In both countries many people become more doubtful of multilateral organizations: USA: NATO, UN; Germany: EU*
  - *Foreign policy certainly could help to promote democracy: Both countries support undemocratic countries or at least deal with them economically, e. g. China, Saudi Arabia (particularly controversial: selling weapons to undemocratic countries)*
- *Add your name or nickname.*

Hope for democracy?! — heading

In his widely received speech on foreign policy, Bernie Sanders draws a bleak picture of democracy. Unfortunately, his view is all too right and not limited to the situation in his home country. Germany faces a similar situation. — reference to speech, your view on the speech and the situation in Germany

main part: first argument

Both the USA and Germany claim that they are trying to promote democracy outside their own territory. It was one of the official reasons for the USA to start a war on Iraq and for German politicians to try to talk some sense into leaders of undemocratic states. However, both countries do not hesitate to deal economically with countries like China or Saudi Arabia. Financial profit seems to be more important than human rights and democracy.

second argument

Furthermore, in both countries more and more people are becoming increasingly doubtful of multilateral organizations in which different countries work together democratically. In Germany the government is still mostly very much in favour of the EU. However, smaller parties and especially many people wish to turn their back on the EU and rather follow Britain's example of a Brexit. In the USA, President Trump has repeatedly claimed that the UN and the NATO are useless. He only seems willing to work with them if it is to the USA's advantage, following his slogan "America first."

Sanders also rightly points out that we need to set an example at home if we truly want to promote democracy. Else we lose credibility. However, both countries face an increase in authoritarianism and right-wing extremism. In Germany the AfD, a right-wing party, has become a member of our federal parliament even though quite a number of its politicians incite violence and even play down the atrocities committed during the Third Reich. In the USA even the president does not distance himself unequivocally from white supremacists. In his speech, Sanders alludes to President Trump's reaction to the incidents in Charlottesville in 2017 when white supremacists killed a demonstrator, but Trump said that both sides were to blame. — third argument

Also, in both countries one can no longer really be sure that the government sees itself as a government for the people. The social divide is getting bigger and bigger and lobbyists seem to have a more important influence on politicians than the people. Thus, firms profit from Trump's tax reform whereas the people will have to pay the bill. While the richest 1 % of German households holds 33 % of the capital, the poorest 50 % only own 2.5 % and most politicians don't seem to be willing to do anything about it. — fourth argument

The only glimmer of hope are manifestations like the Women's March or Pulse of Europe, which prove that there are still some people who are willing to stand up for democracy. If we pin our hopes on them, we should support them – out there in the streets. — closing paragraph

Your (nick)name *(473 words)* — nickname

Teil B: Sprachmittlung

4. *In dieser Aufgabe müssen Sie einen Online-Artikel für ein europäisches Anti-Diskriminierungsprojekt schreiben, mit dem Sie dazu beitragen, Alltagsrassismus aufzudecken. Ihre Zielgruppe sind junge Menschen aus verschiedenen Ländern Europas. Entsprechend braucht Ihre Sprache nicht allzu formell zu sein, darf aber auch nicht umgangssprachlich sein, da es sich um einen journalistischen Artikel handelt. Inhaltlich müssen Sie auf die Aspekte aus Atamans Artikel eingehen, die erklären, was deutscher Postkolonialismus ist und woran man ihn heutzutage erkennen kann.*
   - *Überschrift*
   - *Noch vorherrschendes koloniales Gedankengut in Deutschland:*
     - *Kolonialismus formell abgeschafft*
     - *Kolonialistische Weltsicht bleibt*
     - *Einfältige Wahrnehmung Afrikas*
     - *Geprägt durch kolonial-rassistische Klischees*
     - *Nimmt Langzeitfolgen des Kolonialismus in den Blick*
   - *Anzeichen/Auswirkungen*
     - *Verallgemeinerungen, z. B. „afrikanisches Sprichwort"*
     - *Stereotype, z. B. „Land, aus dem Flüchtlinge kommen"*
     - *Mitverantwortung Europas an politischen, wirtschaftlichen und militärischen Problemen wird ignoriert*
     - *Subventionierte Produkte werden auf afrikanischem Markt verkauft, afrikanische Produzenten werden arbeitslos*
     - *Rassenlehre in einem 20 Jahre alten Themenheft an mindestens einer Schule in Sachsen*
     - *Entschuldigung, dass das Heft veraltet gewesen sei; aber Rassenlehre war auch vor 20 Jahren nicht akzeptabel*
     - *TV-Urlaubsserie* Traumschiff *zeigt Schwarze Menschen und People of Color als Bedienstete, „eingeborene" Tänzerinnen oder „wilde" Schönheiten*
   - *Abschluss/Fazit*

Our view on Africa (headline)

Colonialism gradually came to an end after World War II, or so we think. In her article "German neo-colonialism" Ferda Ataman argues that colonial attitudes still exist in Germany and Europe. (introduce topic, reference to article)

According to Ataman's definition "post"-colonialism means that colonialism is officially abolished but the underlying colonial view on the world still prevails. Our view on Africa is very simple-minded and characterized by colonial and racist stereotypes. Ataman offers some very convincing examples. How often have you heard the phrase "an African saying (meaning of post-colonialism) goes …" as if Africa were one country and not a continent consisting of 54 different nations? Africa is thought of as the "country" from which the refugees come to us, but we fail to see the responsibility we have for the continent's problems – responsibility in many respects, political, economic and military. We sell subsidized products like tomato purée from Italy, milk powder from Denmark and frozen chicken from Germany to Africa and quietly accept that African producers are running out of business.

According to Ataman, post-colonialism takes these long-term consequences into consideration. These consequences are also visible when schools use old textbooks which still teach raciology, talking about the differences in outward appearance between "negroid", European and Mongolian race groups. Such a book was used up until recently in at least one school in Saxony, a state in Eastern Germany. The Saxonian minister of culture expressed regret and explained that the book was 20 years old – as if teaching raciology had still been okay twenty years ago. *evidence*

additional information

Another example Ataman mentions is a famous TV series in which people on a cruise ship travel to far-away holiday destinations. In that series Black people or people of colour are only ever shown as servants, Indigenous dancers or "wild" beauties. *additional information*

These examples all illustrate that people in Europe still tend to look down on African nations and their people. *(389 words)*

Schriftliche Abiturprüfung NRW – Englisch
Grundkurs: Übungsaufgabe 4

Teil A: Leseverstehen und Schreiben — Inhalt 42 P. / Sprache 63 P.

Aufgabenstellung — Punkte

		Punkte
1.	Briefly describe how the oil company tries to make the villagers give up their land. *(Comprehension)*	12
2.	Analyse how the villagers and their situation are portrayed. Focus on narrative techniques and the use of language *(Analysis)*	16
3.	Choose **one** of the following tasks.	14
3.1	Discuss the impact foreign oil companies have on Nigeria. Refer to the text at hand as well as to work done in class. *(Evaluation: comment)*	
3.2	Write a continuation of the text showing the effect the death of Chief Malabo has on the villagers' state of mind and on their actions. *(Evaluation: re-creation of text)*	

Text:
Helon Habila, *Oil on Water* (excerpt)

In the novel Oil on Water *two Nigerian journalists, Zaq and Rufus, travel to the Niger Delta in search of a British oil engineer's wife, who has been kidnapped. On their journey they spend a few days with some villagers. Their chief, Chief Ibiram, tells them about their encounter with an oil company.*

[…] Once upon a time they lived in paradise, he said, in a small village close to Yellow Island. They lacked for nothing, fishing and hunting and farming and watching their children growing up before them, happy. The village was close-knit, made up of cousins and uncles and aunts and brothers and sisters, and, though they were happily insulated from the rest of the world by their creeks and rivers and forests, they were not totally unaware of the changes going on all around them: the gas flares that lit up neighbouring villages all day and all night, and the cars and TVs and video players in the front rooms of their neighbours who had allowed the flares to be set up. Some of the neighbours were even bragging that the oil companies had offered to send their kids to Europe and America to become engineers, so that one day they could return and work as oil executives in Port Harcourt. For the first time the close, unified community was divided – for how could they not be tempted, with the flare in the next village burning over them every night, its flame long and coiled like a snake, whispering, winking, hissing? Already the oil-company men had started visiting, accompanied by important politicians from Port Harcourt, holding long conferences with Chief Malabo, the head chief, who was also Chief Ibiram's uncle.

One day, early in the morning, Chief Malabo called the whole village to a meeting. Of course he had heard the murmurs from the young people, and the suspicious whispers from the old people, all wondering what it was he had been discussing with the oil men and the politicians. Well, they had made an offer, they had offered to buy the whole village, and with the money – and yes, there was a lot of money, more money than any of them had ever imagined – and with the money they could relocate elsewhere and live a rich life. But Chief Malabo had said no, on behalf of the whole village he had said no. This was their ancestral land, this was where their fathers and their fathers' fathers were buried. They'd been born here, they'd grown up here, they were happy here, and though they may not be rich, the land had been good to them, they never lacked for anything. What kind of custodians of the land would they be if they sold it off? And just look at the other villages that had taken the oil money: already the cars had broken down, and the cheap television and DVD players were all gone, and where was the rest of the money? Thrown away in Port Harcourt bar rooms, or on second wives and funeral parties, and now they were worse off than before. Their rivers were already polluted and useless for fishing, and the land grew only gas flares and pipelines.

But the snake, the snake in the garden wouldn't rest, it kept on hissing and the apple only grew larger and more alluring each day. And already far off in the surrounding waters the oil-company boats were patrolling, sometimes openly sending their men to the village to take samples of soil and water. The village decided to keep them away by sending out their own patrols over the surrounding rivers, in canoes, all armed with bows and arrows and clubs and a few guns. [...] The canoe patrol was something of a desperate measure, and this soon became very clear. It turned out to be the excuse the oil companies and the politicians who worked for them needed to make their next move. One day the patrol came upon two oil workers piling soil samples into a speedboat. There was a brief skirmish, nothing too serious – one of the oil workers escaped with a swollen jaw, the other with a broken arm – but the next day the soldiers came. Chief Malabo was arrested, his hands tied behind his back as if he were a petty criminal, on charges of supporting the militants and plotting against the federal government and threatening to kidnap foreign oil workers. The list was long – but, the lawyer said, if the elders would consent to the oil company's demands, sell the land ...

[...] But the villagers remained firm. Chief Malabo, whenever they went to see him, told them not to give in, not to worry about him – but they could see how he was deteriorating every day. And then they went to see him one day and were told he was dead. [...] *(761 words)*

Excerpt from: Helon Habila, Oil on Water. *Hamish Hamilton. 2010. pp. 40–44*

Annotation

ll. 1/2 Yellow Island: a place on Nigeria's coast

Teil B: Sprachmittlung — Inhalt 18 P. / Sprache 27 P.

Aufgabenstellung

4. Your school will receive visitors from your American twin school. You are working on the programme and would like to attend a Shakespeare workshop. You write an email to the American students to convince them that the workshop is worthwhile and also fun. In your email you want to refer to an interview that brought the workshop to your attention.
   Write the email in which you present how you and your fellow students may profit from a "spring-workshop".

Text:
Interview zum Status quo und zu neuen Perspektiven der Globe-Education
Interview: Birgit Wilms mit Andreas Giesen und Vanessa Schormann

WILMS: Welche Angebote bietet die „Globe-Education"?

SCHORMANN: Mit dem Programm haben wir 2005 begonnen. Neben den Stück-Einführungen für das Publikum gab es zunächst einige Workshops für Schüler. Inzwischen bieten wir während des Festivals 18 Workshops für Schüler ab der Stufe zehn und bis zu fünf Lehrerfortbildungen und Studienseminare an. Seit zwei Jahren kommen unsere „Spring-Workshops" für Lehrer, Referendare und Oberstufenschüler hinzu, die zeitlich außerhalb des Festivals liegen. Führungen durch das Globe und Diskussionsrunden mit den Schauspielern („Schooltalk") runden das Programm ab.

WILMS: Von wo kommen Ihre Teilnehmer – und wie viele sind es?

GIESEN: Schulformübergreifend reisen sie aus ganz NRW und aus Rheinland-Pfalz an. Dieses Jahr haben sich sogar erstmals Interessenten aus München angemeldet. Wenn wir alle Education-Elemente addieren, kamen wir alleine für das Jahr 2011 auf rund 620 Teilnehmer. Wichtiger als Zahlen finde ich jedoch die inhaltliche Wirksamkeit.

WILMS: Was geschieht denn inhaltlich bei diesen Veranstaltungen?

SCHORMANN: Ob Lehrer, Referendar oder Schüler – alle lernen in theaterpraktischen Übungen, in lockerer und freudiger Atmosphäre, was es heißt, Shakespeare im Vers zu sprechen, wie seine Stücke dramaturgisch aufgebaut sind und wie viel Spielanleitung bereits im Text selbst steckt. Dazu gibt es Informationen zum Autor und seinem Theater. Natürlich auch so manche Anekdote, davon haben unsere Praktiker jede Menge im Gepäck.

GIESEN: Im Idealfall geschieht unabsichtliches Lernen! Solche positiven Erlebnisse erreichen wir, wenn wir – fernab von Lernzielkontrollen – neugierig an Neues herangehen dürfen, ohne fertige Lösungen präsentiert zu bekommen. Körperliches und sinnliches Erleben ermöglichen einen intensiven Zugang. Dozenten wie Stephen Jameson, Julius d'Silva, Paul Hart, Tom Cornford und natürlich Vanessa Schormann kommen aus der Praxis, sie sind selbst offen und lernbereit. Mit dieser Ausstrahlung kommen sie glaubwürdig rüber und können die Teilnehmer begeistern.

WILMS: Wie wird der Schulunterricht dadurch beeinflusst?

SCHORMANN: Man lernt, dass Shakespeares Stücke zur Unterhaltung des Publikums geschrieben wurden und es nicht ihr Selbstzweck ist, interpretiert zu werden. Es ist bemerkenswert, wie sehr die Schüler den Kontext genießen und sich selbst in der Gruppe neu wahrnehmen. Uns ist es wichtig, ihnen die Scheu vor dem „großen Klassiker“ zu nehmen. Im Unterricht später erleben sie ihn als „alten Freund“. Die Lehrer und Referendare bekommen Ideen zur spielerischen Vermittlung des Stoffes an die Hand, anwendbar auf jedes Shakespeare-Stück. Viele Teilnehmer bestätigen uns, dass sie hier einen völlig neuen Zugang zu Shakespeare gefunden haben und ihn nun mit viel mehr Spaß unterrichten.

WILMS: Wie aufwändig ist ein Workshopbesuch aus Sicht der Lehrer/Schüler?

SCHORMANN: Alles, was ein Lehrer tun muss, ist, sich und seine Klasse anzumelden, den Weg zum Globe ausfindig zu machen und pünktlich zu erscheinen. Die meisten Schulleitungen unterstützen das Engagement der Lehrer, an Fortbildungen oder an Workshops mit ihren Schülern bei uns teilzunehmen. *(440 Wörter)*

Wilms, Birgit; Giesen, Andreas; Schormann, Vanessa: „Interview zum Status quo und zu neuen Perspektiven der Globe-Education“. Stadt Neuss – Der Bürgermeister Kulturamt. Was Ihr wollt. Das Magazin zum Shakespeare-Festival im Globe Neuss.

Lösungsvorschläge

Teil A: Leseverstehen und Schreiben

1. *The task asks you to focus on the different steps the oil company has taken to drive the villagers off their land. The following aspects should be included:*
   - *Work together with local politicians*
   - *Meet and discuss with the villagers' chief*
   - *Offer huge amount of money*
   - *Want to relocate villagers*
   - *Send patrols, first distant*
   - *Send workers to take samples of soil and water → come closer*
   - *Get in a minor fight with villagers*
   - *Accuse chief of several crimes, have him taken away*
   - *Tell villagers their chief has died*

introduction

In the excerpt of the novel *Oil on Water* written by Helon Habila and published in 2010, a Nigerian chief tells two local journalists how an oil company has tried to make them leave their land in the Niger Delta.

main part: talk to chief – offer money – send patrols – start a fight – arrest chief – chief is dead

The oil company works together with local politicians. Together they meet with the villagers' chief to persuade him to sell the land to the company. To convince the chief and the villagers they offer huge amounts of money, which is meant to help the villagers relocate to another part of the country. When the chief does not accept the offer, the oil company starts sending patrols to the area. First, they do not come too close but later workers come to the land and take samples of soil and water. By doing so, they get in a minor fight with some of the villagers, who have started to patrol their land. As a consequence, the oil company has an excuse to accuse the chief of several crimes, which leads to his arrest. When the villagers are still not willing to give up their land, they are told that their chief has died. *(192 words)*

2. *In this task the focus is slightly different from the one in the first task. Here you do not focus on the oil company's action but on the villagers and their situation. Read the text carefully and pay attention to what you can find out about the villagers, their life in the village and the changes taking place due to the actions of the oil company. Pay special attention to the way the narrative situation influences the way you perceive the villagers' situation and to the way language is used to portray the situation. Take into account aspects like choice of words and stylistic devices.*

Narrative technique
- *Story is related as told by Chief Ibiram, who is involved in the action*
- *Limited point of view*
- *Highly subjective*

→ Reader is presented the villagers' perspective
→ Reader is influenced
Villagers' life before oil company offers to buy their land is idyllic:
- *"Once upon a time" → fairy tale → happy*
- *"paradise" (l. 1) → reference to Bible → no worries*
- *Enumerations underline image of a "happy" (l. 3) and "close-knit" (l. 3) village*
- *Villagers have lived on the land for a long time (cf. 24/25)*
- *See themselves as "custodians of the land" (l. 27)*

Situation changes for the worse when oil company becomes involved:
- *"snake" (ll. 13, 34) and "apple" (ll. 34/35) → reference to Bible → expulsion from Paradise*
- *Repetition of the word "money" (ll. 21/22) → importance of money → meant to tempt the villagers*
- *Threatened by oil company*
- *Enumeration stresses that villagers are more or less defenceless (cf. ll. 38/39)*
- *"desperate measure" (l. 40)*
- *Their chief is criminalised ("petty criminal", l. 46), accusations seem far-fetched (cf. ll. 46/47)*
- *Unfinished sentence (ll. 48/49) → obvious conclusion → Chief Malabo is detained to blackmail villagers*
- *Villagers remain "firm" (l. 50)*
- *Chief Malabo suffers bravely, repetition of "not to" (l. 51) to stress that he does not want his people to give in → villagers and chief appear heroic in their resistance*

introduction: thesis / reference to assignment

The villagers' situation changes throughout the excerpt due to the actions taken by the oil company. At the beginning the villagers are described as happy and self-sufficient people, later on they appear to be desperate but brave. This image is underlined by the use of narrative techniques and language. There are many enumerations and words which allude to the Bible and at times stress the bias of the narration.

main part: narrative technique

→ limited point of view

In this excerpt the narrator relates the events as told by Chief Ibiram, which makes it seem like a first-hand report. This becomes apparent by the insertion "he said" (l. 1). Chief Ibiram is involved in the action. Thus, the actions are presented from a highly subjective and limited point of view. The readers only see the action through the chief's eyes and not from the perspective of the oil company's men. As a result, the readers are invited to feel for the villagers and to take on their standpoint.

life before the oil company's involvement

→ choice of words, reference to Bible, enumerations

Chief Ibiram describes the villagers' life before the oil company's involvement as idyllic. His narration starts with the words "[o]nce upon a time" (l. 1), which is the standard opening phrase of a fairy tale. Therefore, it appears as if life in the village was like living in a fairy tale. Also, it is said that "they lived in paradise" (l. 1). The word 'paradise' alludes to the Bible and evokes an image of a peaceful and carefree life. This impression is further underlined by the use of enumerations, which stress that the villagers had everything they need (cf. ll. 2/3) and that their community is "close-knit, made up of cousins and uncles and aunts and brothers and sisters" (ll. 3/4).

importance of the land

→ choice of words, repetition

It becomes clear that the villagers live off the land and that they respect the land. They see themselves as "custodians of the land" (l. 27) and the repetition of the word "father" (cf. ll. 24/25) makes it clear that it is important to them to live on "ancestral land" (l. 24). Also, the repetition of the word "here", as opposed to "there", underlines their attachment to that particular piece of land: "They had been born here, they'd grown up here, they were happy here" (ll. 25/26).

situation changes → comparison, symbol, reference to Bible

Their happiness ends when the oil company offers them money in exchange for their land. The gas flare is compared to a snake (cf. ll. 13/14). The reader knows immediately that a snake in Paradise bodes ill. And this snake keeps "on hissing and the apple only [grows] larger and more alluring each day" (ll. 33/34). However, the apple here does not stand for knowledge but for money.

→ repetition

In lines 21/22 the word "money" is repeated four times to stress its importance. In contrast to Adam and Eve, the villagers withstand the temptation; they do not pick the apple, which means they do not take the money. Thus, they appear very firm, a word which is later on used to characterize them explicitly (cf. l. 50).

situation becomes worse

→ enumeration, contrast

→ choice of words

→ enumeration

As the villagers do not accept the oil company's offer, their situation becomes even harder as they are more or less defenceless. This is stressed by another enumeration listing their means of defence. While the oil company uses "speedboat[s]" (l. 43), they patrol "in canoes, […] armed with bows and arrows and clubs and a few guns" (ll. 38/39). Chief Ibiram uses the word "desperate" (l. 40) to describe this measure and to portray the villagers as victims. The oil company only needs an "excuse" (l. 41) to criminalise the villagers. The indignation at Chief Malabo's arrest is obvious when it is said that he is arrested "his hands tied behind his back as if he were a petty criminal" (ll. 45/46). The accusations against him are enumerated and seem far-fetched (cf. ll. 46/47) because the villagers only meant to protect their land. According to Chief

Ibiram's narration the arrest is another attempt to blackmail the villagers. This becomes apparent in the unfinished sentence in lines 48/49, which his listeners must understand to mean blackmail.

incomplete sentence: blackmail

Despite his arrest and their hopeless situation, Chief Malabo is not willing to sell the land and the repetition of the word "not" (l. 51) stresses that he does not want his people to give in. Thus, he and his people appear heroic in their resistance against the powerful oil company.

→ repetition

All in all, it can be said that the villagers' situation changes dramatically because of the oil company's interest in their land. Before, they were happy and contented, afterwards they become desperate and hopeless. The fact that they do not sell their land makes them appear very brave and firm. This image is supported by the choice of words, especially by the allusion to the biblical story of Adam and Eve's expulsion from Paradise. Due to the narrative technique chosen, the narration is very one-sided, which leads to the reader identifying with the villagers. *(830 words)*

conclusion: reference to assignment

3.1 *You need to discuss the impact of foreign oil companies on Nigeria. This means you have to mention the advantages and disadvantages of their involvement. Also, you need to take into account the text at hand and your background knowledge.*

Aspects mentioned in the excerpt:

- *Advantages*
  - *Locals can sell their land expensively and live a rich life (cf. ll. 20–23)*
  - *Children can get a good education (cf. ll. 9/10)*
  - *Jobs in oil companies (cf. ll. 10/11)*
- *Disadvantages*
  - *Money is spent unwisely (cf. ll. 28–31)*
  - *When money is spent, they do not have the land from which they can nourish themselves (cf. ll. 31–33)*
  - *People are dislocated → uprooted (cf. ll. 24–28)*
  - *Close communities are divided → dissent (cf. ll. 11/12)*
  - *Crime → militants and kidnapping (cf. ll. 45–47)*
  - *Politicians are bribed and influenced by foreign interests (cf. ll. 40/41) → do not care enough for their own people*
  - *Landscape is changed, environment polluted (cf. ll. 32/33)*

Further aspects:

- *Advantages*
  - *The state's most important source of income*
  - *Money used to improve infrastructure*

- *Disadvantages*
  - *Not all Nigerians profit from the oil boom → social unrest*
  - *Much of the profit goes to multinational oil companies (e. g. Shell, Exxon-Mobile)*
  - *Labour is imported → high unemployment rate, high poverty rate in Nigeria*
  - *Oil spills poison water and destroy mangrove forests*

introduction

Nigeria is the tenth largest oil producer in the world, which means that the country is potentially very rich. However, the oil is almost exclusively produced by foreign oil companies. Therefore, the question arises as to what impact these companies have on Nigeria.

main part: advantages
first argument

Oil is Nigeria's most important source of income and part of the money is certainly put to good use, for example to improve the country's infrastructure. For this reason, there are good roads, hospitals and schools, even in rural areas.

second argument

The oil companies buy the land they want to drill on for oil partly from the people. This allows the people to lead a better life and to send their children to school. Also, these oil companies provide jobs, which allows the people to support themselves (cf. ll. 6–11).

transition

Despite these advantages, Nigeria has a high unemployment rate and a high poverty rate, which seems absurd considering the richness of the country. How is this possible?

disadvantages
first argument

For one, the people do not profit equally from the boom. Most of the money obviously stays with the multinational companies themselves, e. g. Shell and Exxon Mobile. A considerable part goes to corrupt politicians (cf. ll. 40/41) and businessmen. Most of the jobs go to foreigners and those Nigerians who are employed do the dirty jobs and are often discriminated against. They earn less and have less chances to be promoted.

second argument

People who sell their land to the oil companies often spend their money unwisely, e. g. "in Port Harcourt bar rooms, or on second wives and funeral parties, and [then] they are worse off than before" (ll. 30/31) because they do no longer have the land to support them. Also, they may feel uprooted because they have left their "ancestral land" (l. 24).

third argument

Another important disadvantage are the environmental hazards. In Nigeria there are many oil spills which poison the rivers so that they are "useless for fishing" (l. 32). As a result the landscape is changed dramatically. The mangrove forests are destroyed "and the land [grows] only gas flares and pipelines" (ll. 32/33).

Considering both sides, it becomes obvious that the advantages are vastly outweighed by the disadvantages. Although Nigeria is rich in oil resources, its people does not really profit from them but rather has to live with the negative consequences the oil production has on society and the environment. But it must also be said that the situation could be very different if there was no corruption and if politicians really used the income to improve the situation of their people. *(429 words)*

conclusion

3.2 *In this task you must continue the given extract from the novel. In this continuation you need to show the villagers' state of mind and their actions after Chief Malabo's death. Consider your findings from task two. There you will have gathered some information on the villagers and the results will tell you which narrator and point of view to choose. If possible, try to imitate the narrator's use of language.*

- *Third-person narrator*
- *Limited point of view → Chief Ibiram's perspective*
- *Enumerations and repetitions*
- *Fairy tale beginning → happy ending?*
- *Reference to the Bible and the expulsion from Paradise*
- *Importance of the ancestral land and the close-knit community*
- *Either the villagers remain firm*
  - *Believe that Chief Malabo was killed*
  - *Want to honour his memory*
  - *Continue their resistance*
  - *Try to fight the oil company (successfully?)*
- *Or their resistance is broken*
  - *Devastated by Chief Malabo's death*
  - *Fighting spirit is broken*
  - *Those within the community who want to lead a rich life gain the upper hand*
  - *Negotiate with the oil company (successfully?)*
  - *Loss of ancestral land leaves them uprooted*

Chief Malabo dead, this came as a blow to the villagers, he said. They were devastated and frightened and hopeless. Chief Malabo had kept them going, he had motivated them, he had stressed the importance of their ancestral land. Now he was dead.

the villagers' state of mind
→ enumerations

That night they called the whole village to a meeting again – the first meeting without Chief Malabo. They discussed what to do. Some villagers wanted to keep the resistance up in memory of the chief. But others asked them how they wanted to do it. Their patrol had proven to harm them not to protect them. This would not end like David against Goliath. They could not take it up with the soldiers who supported the oil

the villagers' actions

→ reference to Bible

company. Better to sell the land now when the oil company might still be willing to pay them than to wait until they were all driven away forcefully or even killed. So, the hissing of the snake had become too loud, the apple too alluring. They decided to send the minor chiefs to the oil company to negotiate.

But that was not necessary. The oil company men and two politicians came to them, like vultures. The villagers felt ashamed and humiliated and vulnerable. The men renewed their offer to buy the land, but the price was lowered. The villagers had no choice really, their spirit was broken and the formerly unified community stood divided. Chief Ibiram wanted to get hold of his uncle's body to bury him on the ancestral land before leaving. He felt that Chief Malabo should be allowed to stay with his father and his father's father. At least this wish was granted.

the villagers' state of mind

the villagers' actions

→ repetition

Two weeks later the villagers left. Many went to Port Harcourt and Chief Ibiram had only heard rumours about their fate. Most had burnt their money and their life was ruined. Others went with Chief Ibiram to find another piece of land to erect their village again. It was not easy but finally they had arrived at this spot and they had erected their village, but it did not feel the same. This was not their land and their community was incomplete and their spirit was irrevocably changed. Paradise had been lost. *(369 words)*

→ enumeration, reference to Bible

Teil B: Sprachmittlung

4. *Bei dem Zieltext handelt es sich um eine E-Mail an eine amerikanische Partnerklasse. Man kann davon ausgehen, dass die Schüler*innen bereits in Kontakt stehen und somit eher informell miteinander kommunizieren. Der Ausgangstext ist ein Interview, das entsprechend umgewandelt werden muss. Relevant sind die Informationen, die den Workshop lohnenswert erscheinen lassen, sowohl für die Schüler*innen als auch für die Lehrkräfte. Dabei ist es egal, welche Aussage von welchem Interviewpartner stammt, es kommt darauf an, die einzelnen Aussagen sinnvoll zu einem kohärenten Text zusammenzufügen.*
   - *Passende Anrede (Hi, Dear …)*
   - *Einleitender Satz*
   - *Theaterpraktische Übungen, Dozenten kommen aus der Praxis.*
     → glaubwürdig, offen und lernbereit
   - *Lockere und freudige Atmosphäre; Dozenten haben viele Anekdoten aus dem Theater zu erzählen.*
   - *Teilnehmer*innen lernen, Shakespeare im Vers zu sprechen.*
   - *Sie lernen dramaturgischen Aufbau der Stücke kennen.*

- *Sie erkennen Spielanleitungen, die im Text enthalten sind.*
- *Informationen zum Autor werden vermittelt.*
- *Keine Lernzielkontrollen, Lernen ohne Druck*
- *Sie können neugierig an Neues herangehen, ohne fertige Lösungen präsentiert zu bekommen.*
- *Durch körperliches und sinnliches Erfahren ist der Zugang intensiver.*
- *Shakespeares Stücke wurden zur Unterhaltung des Publikums geschrieben; Interpretation ist kein Selbstzweck.*
- *Schülerinnen und Schüler lernen in einem anderen Kontext; nehmen sich selbst in der Gruppe neu wahr.*
- *Sie verlieren die Scheu vor Shakespeare; später im Unterricht können sie ihn als alten Freund erleben.*
- *Lehrkräfte erhalten Ideen, wie man Stücke spielerisch vermitteln kann; übertragbar auf jedes Stück*
- *Kein Aufwand, nur anmelden und hinfahren*
- *Schlusssatz und -formel*

Hi there,

greeting

How are you? I hope you're enjoying yourselves. Your stay here in Germany is approaching and we've started planning the programme.

introductory sentences

I read an interview about Globe Education and their "spring-workshop" for students and teachers. I really believe that such a Shakespeare workshop would be a great opportunity for us to work together as a group. It costs € 250 for the whole group, but I think that's not too much and really worthwhile. We could get to know each other in a different manner. The workshops are all given by people who work at the theatre and who, therefore, really know what they are talking about. They'll surely have a lot of funny stories to tell. So we would work in a very relaxed and happy atmosphere.

advantages of workshop:
team building
led by theatre professionals
relaxed atmosphere

We'll be able to learn without any pressure because there won't be any exams to sit, like in school. Still, we would learn a lot about Shakespeare and his plays, for example about their dramatic structure, how many stage directions are implicit in the text and how to read his plays in verse.

learning about Shakespeare without pressure

As the trainers know a lot of exercises from their theatre experience, we would have a more physical and sensual approach to Shakespeare than we normally have at school. In the workshop, no one will present us with a pre-fixed solution; rather we can curiously explore something new. We'll learn that Shakespeare actually wrote his plays to entertain his audience and not to have them interpreted for the sake of the interpretation. Later on, when we deal with Shakespeare at school, we

special approach to Shakespeare

won't have to be worried or coy because we'll have the impression of meeting an old friend.

Our teachers will find out how to teach Shakespeare more playfully. Plus, organizing the workshop is no trouble for them at all. They only have to book it and take us there.

How does that sound to you? I'd really love to go there. Anyway, I'm really looking forward to seeing you all and spending a great time with you. closing sentences

Yours, closing
Maria *(344 words)* name

Schriftliche Abiturprüfung NRW – Englisch
Grundkurs: Übungsaufgabe 5

Teil A: Leseverstehen und Schreiben

Inhalt 42 P. / Sprache 63 P.

Aufgabenstellung

		Punkte
1.	Point out the advantages and disadvantages of living in Lagos as mentioned by the author. *(Comprehension)*	12
2.	Examine the author's view on the Economist Intelligence Unit's index and how she conveys it. Consider communicative strategies and use of language. *(Analysis)*	16
3.	Choose **one** of the following tasks.	14
3.1	Evaluate the influence of Westerners and Western culture on Nigeria. Refer to the text at hand and to work done in class. *(Evaluation: comment)*	
3.2	Chibundu Onuzo is a Nigerian novelist, who also repeatedly writes articles for *The Guardian*. Together with her mother, Onuzo left her home country at the age of 14 and came to live in London. Against the backdrop of underage refugees coming to Britain, *The Guardian* wants to publish an article focusing on the experience of teenage migrants. Write Onuzo's article on that topic to be published in *The Guardian* in its section "Opinion". *(Evaluation: re-creation of text)*	

Text:
Chibundu Onuzo: Who says the most liveable city is in the west? Culture doesn't just live in museums

The Economist Intelligence Unit's index claims Vienna is more cultured than Lagos. But it is flawed and subjective.

A few months ago, I stepped out one morning and saw a coil of animal poo on the doorstep. My mother and I spent a long time trying to figure out what sort of animal had done the deed. We decided, in the end, that a fox was the culprit. But it could also have been a racist. The incident has occurred twice but as we've got rid of the evidence both times, we'll never know.

I am not the only one who has had a similar experience in London. Just search "poo on doorstep". It occurs frequently enough to have generated several threads on the internet. Yet, when ranking the world's best cities to live in last week, the mighty statisticians of the Economist Intelligence Unit didn't take into account "likeliness to find a turd on your front doorstep". In the 14 years I lived in Lagos, I never once found faeces in front of my house. Yet Lagos is judged one of the 10 least liveable cities in the world, and London comes much higher in the desirability rankings, at number 48.

Granted, I have no problems with some of the things the index does track, such as crime rates, the efficiency of transportation networks, and quality of healthcare. All are important, and improve one's experience of a city. Lagos scored low in all these categories and as a Lagosian, I readily admit that we can do better in all these areas.

But I'd certainly question how cities were ranked in some of the other areas that make up the index. In the culture and environment category, which includes recreational activities, Vienna scored 96.3 out of 100 and Lagos just 53.5. Now I've been to Vienna, and I've lived in Lagos, and there is no way Vienna is 43 points ahead of Lagos in culture and environment.

Just ask Emmanuel Macron, who recently made a pilgrimage to Fela Kuti's New Afrika Shrine in Lagos. Lagos is a city of galleries under bridges, where artists paint and display for free. It's a city of owambe parties that last until dawn. Every weekend there is a royal wedding that shuts down roads and stops traffic. Lagos is a city of fashion, home to the third biggest film industry in the world, and its Afrobeat music pulses out to reach the ears of a global audience. It's obvious the statisticians didn't know where to look.

What does it mean to rank the culture of one place above the other? To say Douala in Cameroon comes lower than Dakar in Senegal in culture but higher than Dhaka in Bangladesh? What ingrained biases went into calculating these scores? Culture doesn't only live in a museum, in an opera house or in a Picasso painting. African artists, by the way, inspired Picasso.

And let's talk about the things that were not measured. The report observed: "Those that score best tend to be midsized cities in wealthier countries." Perhaps because they mostly picked metrics these cities would score highly on. How lonely are the people who live in the wealthier capitals of the world? How high are the levels of anxiety in these cities? How likely are strangers to come to your aid if you are in distress?

My car has broken down several times in Lagos. Strangers have always arrived, bearing tyre pumps, offering to push-start or fetch a nearby mechanic. In London, friends who have broken down report vehicles whizzing merrily past. No one stopped, not even when it was raining. And why should they? The infrastructure is so great. Some emergency breakdown company would get to them eventually. The city is so efficient that there's no need to get personally involved in helping a stranger.

Why do studies like this exist anyway? The people who actually live in Harare, Karachi and Algiers are still living there, no matter how "unliveable" the Economist Intelligence Unit judges their cities. In the report summary, the compilers state that their findings will help in "assigning a hardship allowance as part of expatriate relocation packages". I'd just like to say that Lagos has enough expats. We see them, overpaid and overfed, establishing little colonies, disparaging the local culture, food and customs, and earning three times what they would at home. There are qualified Nigerians who know the terrain and can do their work just as well or even better.

Yes, there can be hardship living in Lagos but there are also joys, highs, thrills and jollof rice. So whether you judge Lagos liveable or not, Lagosians will go on living and thriving there. To paraphrase Benjamin Disraeli, there are three kinds of lies: lies, damned lies, and global liveability indexes. *(783 words)*

Chibundu Onuzo: Who says the most liveable city is in the west? Culture doesn't just live in museums, 19. 8. 2018, https://www.theguardian.com/commentisfree/2018/aug/19/vienna-lagos-economist-intelligence-unit-liveability-index, Copyright Guardian News & Media Ltd 2019

Annotations

ll. 23/24 Fela Kuti (1938–1997): Nigerian musician; the New Afrika Shrine is an open air entertainment centre.

l. 25 owambe party: A large party with a lot of food, music, dancing and many guests. An owambe party may block entire streets, especially in Lagos.

l. 56 jollof rice: a traditional dish

l. 57 Benjamin Disraeli (1804–1881): British politician of the Conservative Party; Prime Minister under Queen Victoria; the text refers to his famous words "There are three kind of lies: lies, damned lies, and statistics".

Teil B: Sprachmittlung — Inhalt 18 P. / Sprache 27 P.

Aufgabenstellung

4. You are on an exchange visit in the USA. In your Social Studies class the current topic is democracy. Your teacher has asked you to write a report for the school paper on the situation in Germany. While researching the topic you have come across a speech given by Bascha Mika, editor of the German newspaper *Frankfurter Rundschau*. Write a report in which you present Mika's view on the way politicians and journalists hold the political dialogue.

Text:
Wegducken gilt nicht

[…] In seinem […] Roman *Nussschale* gibt der britische Schriftsteller Ian McEwan allen neugeborenen Kindern eine Empfehlung mit auf den Weg. Eine Anregung, die für mich durchaus als Leitmotiv für das beginnende Jahr taugen könnte.

Ian McEwan schreibt: „Mein Rat an Neugeborene: Schreit nicht, schaut euch um, schmeckt die Luft."

Das ist nicht nur lebensklug, sondern auch journalistisch gedacht: Betrachte die Welt genau, geh den Dingen auf den Grund, spüre den Stimmungen nach – und krakeele erst dann, wenn anders nicht weiterzukommen ist.

„Schreit nicht, schaut euch um, schmeckt die Luft."

Dazu im Zusammenhang meines Themas einige Anmerkungen:

1. Wer schreit denn da?

Das vergangene Jahr war voll von schrillen Tönen. Und die kamen nicht nur aus der rechten Ecke. Selbstverständlich gab es im politischen Raum schon immer lautstarke Auseinandersetzungen, Streit um gesellschaftliche Konzepte, Milieus, die lieber verbal aufeinander einschlugen als zu debattieren. Das gehört zu einer offenen Gesellschaft dazu und vieles davon müssen wir aushalten.

Doch was sich 2016 an pauschalen Anfeindungen, Denunziation und bösartiger Häme öffentlich austobte, hat ein erschreckendes Niveau erreicht.

Wenn ganze gesellschaftliche Gruppen umstandslos als Parasiten, Kriminelle, gewissenlose Gesellen, Lügner oder Verräter beschimpft werden – seien es Politiker, Migranten, Journalisten oder schlicht Andersdenkende – wenn es so läuft, geht es nicht mehr um Streit.

Dann geht es um Ausgrenzung, Feindschaft und moralische Vernichtung des angeblichen Gegners. Dann wird ein Kultur- und Klassenkampf heraufbeschworen, der diese Gesellschaft gezielt auseinandertreiben und zum Zerreißen anspannen soll. […]

An anderer Stelle hat sich der Ton ebenfalls verschärft. Als würde Politik nicht aus der Bereitschaft zum Verhandeln bestehen, wurden 2016 Unversöhnlichkeit und Kompromisslosigkeit zelebriert wie eine politische Heldentat. Das permanente bayerische Gestänker gegen die eigene Schwesterpartei – garniert mit machohafter Rechthaberei und abstrusen Ultimaten – ist ein unrühmliches Beispiel dafür.

Auch wir Medienvertreter haben im vergangenen Jahr die Lautstärke zweifellos aufgedreht. Auch wir sind heißgelaufen zwischen Rechtspopulisten und Flüchtlingsfrage, zwischen Syrienkrieg und Terroranschlägen, zwischen Putin und Trump. Sind wir so laut, um unsere Existenzberechtigung zu betonen, die uns zur Zeit ja gern abgesprochen wird?

Wenn ein Journalist leitartikelt, dass zu einer Grenzschließung selbstverständlich auch der Schießbefehl auf Flüchtlinge gehöre, dann läuft etwas entschieden aus dem Ruder. Politische Gewaltfantasien zu unterstützen gehört wohl kaum zum Auftrag einer freien Presse.

All das ist brandgefährlich. Scheibchen für Scheibchen schneiden wir uns gegenseitig die Achtung und den Respekt ab. Hetzwort um Hetzwort schleifen wir den zivilisatorischen Bau, den wir in 70-jähriger Arbeit mühsam errichtet haben.

Das Selbstverständnis darüber, was in einer freiheitlich-demokratischen Gesellschaft gesagt und getan werden darf, verändert sich schleichend. Die Grenzen des Möglichen werden verrückt. Soll etwa „völkisch" umstandslos wieder in unser Vokabular eingehen?

Hetze auf der einen Seite, apokalyptische Szenarien auf der anderen. Da zeichneten Politiker eine „Welt aus den Fugen", beschworen den „staatlichen Kontrollverlust". Zum einen verstärken sie damit das Gefühl von Hilflosigkeit und Ausgeliefertsein – was einer Radikalisierung der Gesellschaft fahrlässig Vorschub leistet. Zum anderen ist mir vollkommen rätselhaft, wie man sich als Politiker selbst ein derartiges Armutszeugnis ausstellen kann. *(485 Wörter)*

Bascha Mika, http://www.fr.de/frankfurt/neujahrsempfang-wegducken-gilt-nicht-a-738847, 14. Januar 2017, Frankfurter Rundschau GmbH

Anmerkungen

Z. 29 *Gestänker:* gemeint sind hier Streitereien zwischen CSU und CDU, z. B. um eine Obergrenze für die Anzahl von Geflüchteten, die in Deutschland aufgenommen werden kann

Z. 37 *Schießbefehl auf Flüchtlinge*: Im Januar 2016 hatten zwei Politikerinnen der AfD (Alternative für Deutschland) nahegelegt einen Einsatz von Schusswaffen zur Sicherung der Grenze vor Flüchtlingen zu billigen.

Z. 45 *völkisch*: Definition gemäß Duden: völkisch: (nationalsozialistisch; in der rassistischen Ideologie des Nationalsozialismus) ein Volk als vermeintliche Rasse betreffend; zum Volk als vermeintliche Rasse gehörend

Lösungsvorschläge

Teil A: Leseverstehen und Schreiben

1. *Make sure you only focus on the pros and cons of living in Lagos for this task. You needn't look at any information about the other cities that are mentioned. Say what makes life in Lagos worthwhile and what the disadvantages are. The following aspects should be included:*
   - *Advantages*
     - *No animal faeces on the doorstep (→ respect for others)*
     - *Culture (galleries, parties, weddings, fashion, film industry, music)*
     - *Environment*
     - *Recreational activities*
     - *Helpfulness of inhabitants*
   - *Disadvantages*
     - *Crime rate*
     - *Transportation*
     - *Healthcare*

introduction

The article "Who says the most liveable city is in the west? Culture doesn't just live in museums" written by Chibundu Onuzo and published on 19th August 2018 deals with the Economist Intelligence Unit's index of global liveability and the author's personal view on that index and the quality of life in Lagos.

main part: disadvantages

According to Onuzo, living in Lagos has some real disadvantages as there is a high crime rate and as both transportation networks and healthcare are rather poor.

advantages

However, the author names a number of advantages, for instance that one will not encounter something as disrespectful as finding animal faeces on one's doorstep. More importantly, she states that Lagos has a high recreational value due to its environment and its vibrant cultural scene, consisting of art, fashion, film and music. Additionally, some of the negative aspects even have positive consequences. Due to the poor transportation network, people tend to help each other in case of an emergency. *(159 words)*

2. *In this task you first need to determine what the author thinks of the result of the global liveability index. Then you need to examine how she conveys her view. In doing so, take into account communicative strategies, such as referring to personal experience or authorities, and the use of language.*

- *Communicative strategies:*
  - *Irony ("the mighty statisticians", ll. 8/9) → does not take the index seriously*
  - *Use of the first-person pronouns*
  - *Relates personal experience (e. g. ll. 10/11)*
  - *Refers to authorities like Emmanuel Macron (l. 23) and Benjamin Disraeli (l. 57) → gains credibility*
  - *Admits Lagos' problems openly (cf. ll. 14–17) → appears honest and frank*
  - *Asks many questions (headline, ll. 30–32, 37–40) → challenges the results of the index*
  - *Compares Lagos to London (cf. ll. 6–11, 41–46) → stresses advantages not mentioned in the index*
- *Use of language:*
  - *Repetition ("a city of", ll. 24–26) → stresses diversity of recreational activities*
  - *Choice of words, e. g. "ingrained biases" (l. 32), "it's obvious" (l. 28) → criticizes the index*
  - *Choice of words, e. g. "overpaid and overfed" (l. 52) → paints negative picture of expats who profit from the index*
  - *Choice of words, e. g. "thriving" (l. 57) → stresses that Lagosians can be successful in Lagos*
  - *Enumeration (cf. ll. 55/56) → underlines positive aspects of living in Lagos, shows humour ("jollof rice" as climax)*
  - *Repetition of "lies" (ll. 57/58) and climax (cf. l. 58) → distrusts the index.*

introduction

thesis

The author is very sceptical about the Economist Intelligence Unit's index concerning global liveability because she doubts its results and its value. Onuzo conveys this scepticism by using certain communicative strategies such as frequent references to personal experiences and by the use of language.

main part: communicative strategy: doubts authority

→ choice of words

→ irony

The journalist doubts the statisticians' authority by raising the question "[w]ho says the most liveable city is in the west?" right in the headline. Throughout the entire article Onuzo repeatedly asks questions to draw attention to the subjectivity of the index (cf. ll. 30–32, ll. 37–40). This reproach is further underlined by her choice of words when she accuses calculations of being based on "ingrained biases" (l. 32). She also criticizes the authors of the index for not knowing "where to look" (l. 29) and emphasizes this by saying that this failure is "obvious" (l. 28) and that she "certainly" (l. 18) questions their ranking. She adds that "there is no way" (l. 21) that the ranking is accurate. Against the backdrop of this scepticism her use of the expression "mighty statisticians" (ll. 8/9) can only be perceived as deeply ironic.

As Onuzo doubts the credibility of the statisticians, she contrasts their supposed lack of knowledge with her own first-hand experience of life in Lagos. She readily admits that the problems described in the index exist (cf. ll. 14–17) and thus appears to be frank and open. She frequently uses the first-person pronoun "I" (e.g. ll. 1–2) and thus makes it clear that she relates personal experience and as a result is more reliable than the authors of the index. She also uses her personal experience to contrast cities that score high in the index compared to Lagos, which scores low (cf. ll. 6–13, 18–22, ll. 41–46) to give proof of her assessment that the results of the index are wrong. She also underlines her own narrative by her use of language. She repeats the phrase "a city of" (ll. 24–26) three times to underline the diversity of recreational activities that Lagos has to offer. Furthermore, she enumerates the positive aspects of living in Lagos, namely "joys, highs, thrills and jollof rice" (ll. 55/56) thereby also showing humour as "jollof rice" is presented as the ultimate thrill Lagos has to offer.

communicative strategy: relate personal experience

Finally, Onuzo also refers to other authorities to show that she is not the only one to value Lagos' advantages and to doubt the index. She mentions Emmanuel Macron's journey to Lagos (cf. ll. 23/24) and calls his visit to the New Afrika Shrine a "pilgrimage" (l. 23), stressing the respect and admiration that Macron's journey expresses. In her last sentence she paraphrases Benjamin Disraeli saying that "there are three kinds of lies: lies, damned lies, and global liveability indexes" (ll. 57/58). This climax, which gains special weight because it appears at the very end of the article, neatly sums up Onuzo's view of the index.

communicative strategy: mention other authorities

→ choice of words

→ climax

All in all, it can be said that Onuzo distrusts the global liveability index immensely because, according to her, its interpretations are based on cultural bias and are therefore subjective if not mostly wrong. She backs up her view by contrasting the supposedly wrong assumptions with her own personal experience which she further supports by referring to known authorities and by her choice of words and use of stylistic devices.

conclusion

(565 words)

3.1 *Here you need to evaluate the influence of Westerners and their culture on Nigeria. This means you need to examine what their influence is and whether it is to Nigeria's advantage or disadvantage. The article at hand mentions some aspects of Nigerian culture and the influence of expats, which you need to refer to. Also, you have to include some additional background knowledge.*

Aspects mentioned in the excerpt:

- *Nigeran culture*
  - *"Fela Kuti's New Afrika Shrine in Lagos" (ll. 23/24)*
  - *"galleries under bridges", "artists paint and display for free" (ll. 24/25)*
  - *"owambe parties" (l. 25), "royal weddings" (l. 26) fashion, film industry, Afrobeat music (cf. l. 27)*
  - *Food, e. g. "jollof rice" (l. 56)*
- *Western culture*
  - *Expats establish their own colonies (cf. l. 52)*
  - *They look down on local culture (cf. ll. 52/53)*

Further aspects of Western culture in Nigeria:

  - *Colonialization, imperialism has left its mark*
  - *English language = official language, language of education, language of day to day communication*
  - *Christianity*
  - *Buildings, e. g. skyline of Lagos*
- *Advantages of Western influence*
  - *Easier to communicate among people from different ethnicities*
  - *Certain traditions, e. g. killing of twins, are in decline*
- *Disadvantages of Western influence*
  - *Nigerians lose their own identity*
  - *Feelings of inferiority*
  - *Globalisation of culture*
  - *Ideas of Nigerian intellectuals, e. g. concerning sociology or politics do not become known*

From the mid-19th century to 1960 Nigeria was a British colony and therefore was and still is under strong Western, namely British influence. Accordingly, one needs to ask what the influence of Westerners and their culture is on Nigeria. **introduction**

There are obviously many influences in almost every part of Nigerian society and life. The most prominent ones may be the English language and Christian faith. **main part:** transition

English is the official language in Nigeria. It is the language of education and also the language of day-to-day communication. (first observation: language) On the one hand, this can be seen as positive because it allows people from different ethnicities within the country to talk to each other, which may lead to a better understanding. (advantage) On the other hand, language determines the way we think. (disadvantage) The suppression of local languages and dialects by another, foreign language, implies inferiority and submission. Also, language is a vital part of a culture. Accordingly, if some languages are ousted or even become extinct, a major part of culture is lost too.

Faith is another important part of a culture. Again, if that faith is replaced by another one, in this case by Christianity, an important part of that culture is lost. One may argue that certain traditions had better be abolished. For instance, up to this day, in certain remote areas of Nigeria, twin babies are killed because they are believed to be demons. However, this kind of problem cannot and should not be solved by imposing another faith on people. The replacement of one faith by another also has an impact on one's identity and again is combined with a feeling of inferiority.

second observation: faith

advantage?

disadvantage

As Onuzo points out, Nigerian culture is thriving, especially in Lagos. She mentions art, music, dancing, food and film (cf. ll. 23–27). These are the aspects of culture that are typically put on display in the West. However, one rarely hears or reads about intellectual ideas, e. g. concerning politics or economics, originating in Nigeria. Certainly, this is not because there are no Nigerian intellectuals or because these ideas do not exist but rather because Nigerians too often feel and are seen as inferior, which implies that their ideas are not worth being promoted. Literature is a positive exception because Nigerian literature is thriving. Achebe, Soyinka and Adichie are well-known authors, to name just a few.

third observation

As Onuzo points out in her article, Nigeria is often seen through Western eyes, which includes cultural bias. Accordingly, Nigerians and their culture are often seen as inferior, which is probably the most devastating impact one culture can have on another because it implies the loss of identity and of self-esteem of the other culture and its people. In this respect Westerners keep having a negative influence on Nigerians because the expats living in Nigeria "[disparage] the local culture, food and customs" (ll. 52/53). When one nation, or here rather western nations, impose their culture on developing countries, one speaks of cultural imperialism, a term which indicates that Nigeria may have gained its independence in 1960 but is still culturally influenced by its former colonists and other western nations, with long-lasting effect on their identity and self-esteem. *(530 words)*

conclusion

3.2 *Here you are asked to write a newspaper article which reflects Onuzo's view on migration to Great Britain with a special focus on teenage migrants. To do so, you need to take into account the information in the assignment about Onuzo and what you have learned about her attitude from the article you have just analysed. You will also have to make up certain things, but they should be in line with what you already know about the author and your background knowledge. Also, make sure to stick to the criteria of a newspaper article concerning structure and language.*

- *Information about Onuzo from the assignment*
  - *Left Nigeria at the age of 14, accompanied by her mother*
    - *Was used to living in Lagos*
    - *London was foreign to her → knows difficulties migrants face*
    - *Moving is often perceived as difficult for teenagers*
    - *Knows what it means to have to adapt to a foreign culture*
    - *Was not alone as many underage refugees are*
    - *Reasons for leaving Nigeria are not revealed*
    - *Might make a difference between migrants and refugees*
- *Attitude as interpreted from the article*
  - *Proud of Nigerian culture*
  - *Criticizes cultural bias of Westerners*
  - *Also sees problems both in Lagos and in London (e. g. respect, helpfulness)*
  - *Now feels at home in London (still lives there)*
    - *Has probably faced problems such as racism in London*
    - *Probably has a liberal attitude towards migration*
- *Background knowledge*
  - *Recently refugees have mostly come from the Middle East (e. g. Syria, Afghanistan) and from African countries (e. g. Morocco, Congo)*
  - *Often come illegally to Great Britain*
  - *Camps e. g. in Calais*
- *Criteria of a newspaper article*
  - *Headline*
  - *By-line*
  - *Formal language*
  - *Short paragraphs*

They need a chance headline

by Chibundu Onuzo by-line

When I first came to London, I was 14 years old. My mother and I arrived on a cold and rainy day. We were greeted by some of my mother's friends who already lived in London and so the first welcome was a rather warm one – despite the weather. (personal experience)
Still it was difficult for me to settle in. Language was not a problem, and yet, I often did not understand the girls in my class. Their joys and especially their concerns were different from mine. Also, they had found their cliques and had established friendships. I was the new one.

How much more difficult must it be for a refugee from Syria or Afghanistan to find themselves in Britain. We travelled here comfortably by plane; they often endured many hardships on their journey. We speak English; to them it is a second language (comparison to refugees) at most. I had my mother to soften the blow of leaving my home; they may even have left behind their parents. We came here for opportunities; they often come to escape war and death.

Being a teenager is never easy. So much changes in your life and in your body. You need to assert yourself, in class, among peers but also in your family. You need to determine who you really are, what makes your identity. — problems of teenagers

Leaving behind your home, your language, your culture, your family and your friends makes being a teenager so much more difficult. For young refugees who are traumatised due to what they have experienced in their home countries and on their journeys, it must be almost unbearable. — comparison to refugees

Who are we to make their life even more difficult by leaving them in overcrowded camps instead of giving them a chance to start anew? The chance that they grow to be responsible members of a society is so much bigger if we give them the opportunity to develop under healthy circumstances. Let's give them that chance. — appeal to reader

(330 words)

Teil B: Sprachmittlung

4. *In dieser Aufgabe sollen Sie die vorgelegte Rede als Basis für einen Beitrag zu einer amerikanischen Schülerzeitung nutzen. Sie schreiben also für Gleichaltrige, allerdings zu einem politischen Thema. Sie sollten also eher auf ein etwas gehobeneres Sprachregister zurückgreifen als auf Umgangssprache. Beachten Sie, dass Sie dem Alter und der Herkunft Ihrer Leserschaft entsprechend ggf. zusätzliche Informationen liefern bzw. Einzelheiten weglassen. Sie sollen in dem Artikel darstellen, wie laut Mika der politische Diskurs in Deutschland geführt wird und zwar von Politik und Medien. Machen Sie dabei deutlich, dass Sie die Meinung einer anderen Person wiedergeben.*
   - *Finden Sie eine passende Überschrift*
   - *Mika kritisiert wie Politiker und Journalisten den politischen Dialog führen.*
     - *Politiker diskutieren nicht, sondern wollen ihre Gegner ausgrenzen und moralisch zerstören.*
     - *Sie generalisieren, denunzieren und machen abschätzige Bemerkungen, die ganze soziale Gruppen abstempeln.*
     - *Sie feiern den Dissens, anstatt Konsens zu suchen.*
     - *Journalisten übertreiben und werden laut.*
     - *Sie unterstützen Gewaltphantasien der Politiker, die in der „Flüchtlingskrise" 2016 den Einsatz von Waffen zur Grenzsicherung fordern.*
     - *Wörter und Taten, die lange Zeit nach dem Ende des Zweiten Weltkrieges verpönt waren, werden wieder akzeptiert (Beispiel „völkisch").*

- *Daraus resultiert ein Mangel an Achtung und Respekt im Umgang miteinander.*
- *Die Gesellschaft wird gespalten.*
- *Das Selbstverständnis darüber, was in unserer Gesellschaft gesagt und getan werden darf, verändert sich.*
- *Dies bedroht die freiheitlich-demokratische Gesellschaft.*
- *Politiker, die über staatlichen Kontrollverlust klagen verstärken das Gefühl von Hilflosigkeit und tragen damit zur Radikalisierung der Gesellschaft bei und stellen sich selbst ein Armutszeugnis aus.*

Germany's society is under threat

heading

introduction: reference to source, topic

In a speech, published in *Frankfurter Rundschau* in January 2017, Bascha Mika, editor of this German quality newspaper, expresses her thoughts about the way politicians and journalists are leading the political discourse, which is threatening our liberal and democratic society.

main part: Bascha Mika's view → on politicians

She claims that politicians no longer discuss to come to a compromise but rather to celebrate dissent. They generalize accusations, denounce people and make malicious statements because they aim at excluding opponents and at destroying them morally. They readily accept that entire social classes are blackened. This may lead to a clash between classes and cultures and tear society apart.

→ on journalists

Mika also accuses journalists, i. e. members of her own profession. She blames them for exaggerations and for taking things too far. For example, during the so-called migration crisis in 2016, some support violent fantasies of politicians who ask for the use of weapons to secure German borders from immigrants. According to Mika, this behaviour is not only unprofessional but simply against the mission of a free press.

According to Mika, little by little words and acts that were no longer acceptable after World War II are being tolerated again, which is a threat to the liberal and democratic society in Germany because the political discourse influences the way a society sees itself.

→ on politicians

Also, politicians who talk about the loss of control of the state encourage a feeling of helplessness among the population, which in return makes people become more radicalized. Mika cannot understand why politicians shame themselves in that way. *(256 words)*

Mündliche Abiturprüfung NRW – Englisch
Grundkurs: Übungsaufgabe 6

Prüfungsteil 1: Monologische Präsentation

Aufgabenstellung

1. Point out Lewis's views on performing Shakespeare.
2. Analyse how Lewis presents her views to the readers. Focus on her line of argument and her use of language.
3. Comment on Lewis's demand to "do away with Shakespeare altogether – at least on stage" (l. 5). Refer to work done in class and your personal experience.

Text:
Jemima Lewis, Shakespeare is too obscure for the stage, methinks

I'd like to do away with Shakespeare altogether – at least on stage. It's just too old

[…] Is there any less convivial feeling than sitting in a theatre surrounded by people pretending to laugh at a Shakespearean gag? "Wahahaha," they squawk, perhaps dabbing at their eyes for extra authenticity. And then, when you ask what's so funny, it turns out to be a 400-year-old pun that means Sir Toby Belch has a tiny willy.

[…] I'd like to do away with Shakespeare altogether – at least on stage. It's just too old. The language is so antiquated that, unless you've already studied the play at school, you spend the whole time trying to work out the meaning of one line without missing the next one. It's like trying to pat your head while rubbing your tummy.

There isn't a self-respecting culture vulture in the land who would agree with me, of course. The received wisdom tends to go the other way. Shakespeare, according to those in the know, is only difficult or boring when it hasn't been brought to life. It must be performed on stage to be truly understood.

[…] Dame Judi says children should be encouraged to look beyond the text and think about the big themes: love, anger, jealousy and so on. "That's what Shakespeare's about, all those things. He says it better than anybody else."

I'm sure he does. But you have to leap the hurdle of basic comprehension before you can get to the deeper meaning. The reason I am a Shakespeare philistine is that I was badly educated. I only ever studied – by which I mean line-by-line analysis with a beetle-browed teacher – one play: *Macbeth*. And actually, I loved it. Still do. I can even watch it on stage without undue suffering.

Perhaps Shakespeare does come alive on the stage. But first he must be exhumed in the classroom. *(298 words)*

Jemima Lewis: Shakespeare is too obscure for the stage, methinks, https://www.telegraph.co.uk/culture/theatre/william-shakespeare/11214992/Shakespeare-is-too-obscure-for-the-stage-methinks.html, 07. 11. 2014, © Telegraph Media Group Limited 2014

Annotations

l. 4 *Sir Toby Belch*: a character in a Shakespeare play
l. 4 *willy*: (informal) penis
l. 9 *vulture*: a large bird of prey; (derogatory) a person who preys on others
l. 13 *Judi Dench*: a renowned actress associated with Shakespeare plays
l. 17 *philistine*: a person who is hostile or indifferent to culture (here, to Shakespeare)
l. 19 *beetle-browed*: strict and serious

Prüfungsteil 2: Flexibles Prüfungsgespräch

Mögliche Impulse

1. Your view on Shakespeare plays is rather negative/positive. What about other literary texts that we have read in class, could you relate to these more easily/as easily? **Explain** why or why not.
2. It is often claimed that Shakespeare's themes are for all times. What about the themes addressed in the play/novel (that you have just talked about), are they relevant for today's society? **Discuss**.
3. **Present** features of a dystopian novel and **analyse** to what extent they can be applied to the dystopian texts we have dealt with in class.
4. **Discuss:** Do you consider dystopias to be a means to make people aware of current trends which might lead to dystopian scenarios if people do not change their ways?
5. One of the topics we have dealt with in class has been "Globalization and global challenges". Can you **explain** what globalization is, and **illustrate** some advantages as well as disadvantages of globalization?
6. Do you think there should be (more or less) global organizations to face challenges of globalization? Please **state and explain** some.
7. **Name and exemplify** positive effects and/or challenges of cultural encounters in connection with globalization.
8. **Explain** what globalization could mean to you yourself in the context of studying and working in a globalized world.

Lösungsvorschläge

Allgemeiner Hinweis: Für die Lösungsvorschläge zur mündlichen Prüfung wird bewusst auf ausformulierte Musterlösungen verzichtet. Anhand der Stichpunkte sehen Sie, welche inhaltlichen Aspekte Sie abdecken sollten. Gehen Sie bei Ihrer Vorbereitung ähnlich vor und notieren Sie nur ein Gerüst, das Sie anschließend einem Gegenüber mündlich präsentieren.

Prüfungsteil 1

1. *In dieser Aufgabe geht es darum, das eigene Textverständnis zu belegen. Denken Sie daran, mit einem einleitenden Satz zu Titel, Autorin, Erscheinungsjahr/-ort zu beginnen. Fassen Sie danach die Thesen der Autorin zu Aufführungen von Stücken Shakespeares kurz zusammen.*

   - Shakespeare should not be performed on stage, because
     - the plays are too old
     - the language is hard to understand
     - as a result, one cannot enjoy the play
     - seeing a performance without knowing the play is even more difficult
   - however, the themes Shakespeare deals with are important
   - play must be thoroughly studied in school before it can be enjoyed on stage

2. *Hier handelt es sich um eine Textanalyse. Erläutern Sie, wie die Autorin ihren Standpunkt unterstreicht. Achten Sie dabei insbesondere auf ihre Argumentation und auf die verwendete Sprache. Stellen Sie zu Beginn eine Arbeitsthese auf, die Sie dann mit Textbelegen untermauern.*

   - Lewis wants to **convince** the readers **of her hostility** towards Shakespeare's plays on stage.
   - Her <u>argumentative structure</u> is supposed to underline the logic of her argument
     - **provocative thesis** in the headline and subheading
     - offers an **example** that illustrates and proves her point (ll. 1–4)
     - presents typical **counter-arguments** but **distances herself** from these (see language) (cf. ll. 9–12)
     - **partly agrees with opponents** as far as importance of Shakespeare's themes are concerned (ll. 13–15)
     - names a **condition under which she can agree**: Shakespeare has to be analysed in detail (at school) before he can be enjoyed (ll. 16–20)
     - this condition leads to a **compromise** (ll. 21/22)
   - The particular <u>use of language</u> underlines her argument
     - **imagery** to make herself understood and to contrast her everyday language with Shakespeare's antiquated English (e. g. ll. 8/9, 16, 19, 21)

- **makes fun of** those who defend Shakespeare
  - negative expressions (e. g. "culture vulture", l. 9; ' they squawk", l. 2)
  - "of course" (l. 10), "received wisdom" (l. 10) → defending Shakespeare is the thing to do; she calls into question how serious defendants really are; reproaches them with inauthenticity

3. *Bei dieser Aufgabe ist Ihre eigene Meinung gefragt. Wie stehen Sie zu der Forderung, dass Shakespeares Stücke nicht mehr aufgeführt werden sollten? Sie können die Argumente von Lewis und die in ihrem Text genannten Gegenargumente nutzen, um ihre eigenen Gedanken zu strukturieren und zu belegen. Beziehen Sie sich auf Ihre eigenen Erfahrungen sowie auf die Filmausschnitte und Textauszüge und ggf. Theateraufführungen, die Sie im Unterricht besprochen haben.*

   - express your opinion on Lewis's view: agreement or disagreement
   - refer to aspects discussed by Lewis
     - language
     - themes
     - performances; bringing Shakespeare to life
   - give reasons for your view
     - difficult to understand
     - the pictures in the movie helped/didn't help to understand the play (give examples)
     - say if it was easier for you to watch the film scenes before or after having dealt with the text
     - however, important topics, e. g. love in *Romeo and Juliet*, ambition in *Macbeth*
     - ways of bringing Shakespeare to life, e. g. acting out scenes yourself

Prüfungsteil 2

1. Ideas for your answer:
   - refer to literary texts dealt with in class (a modern drama and a novel)
   - give a brief **summary** of the play's or the novel's content
   - say what helped you and what made it difficult to understand these texts

2. Ideas for your answer:
   - name the themes dealt with in the novel and the drama
   - say whether you think that they are still up to date
   - **give reasons for** your view and also consider arguments **against** it

3. Ideas for an example answer (additionally you need to apply these features to the specific text you dealt with):
   - set in the future

- exaggerated worst-case scenario
- make a criticism about a current trend, societal norm, or political system
- warning of current trends, e. g. lack of freedom
- the manipulation of people
- protagonist
  - questions the existing system
  - helps the audience recognize the negative aspects through her/his perspective
- caste-like organization

4. Ideas for your answer:
   - give arguments for and against dystopias warning of current problems
   - refer closely to the text you dealt with
     - say what warning was included
     - explain whether you think the topic at question is important for society/ your life
     - explain how you reacted to it
     - say if it made you think about your actions or even change your behaviour

5. Ideas for your answer:
   - give a definition, e. g. a process characterized by the interaction of people, countries and companies, closely connected with economy, influence on culture and society, enhanced by advances in technology
   - mention some advantages as well disadvantages to you yourself and give examples
     - advantages: e. g. easier access of goods, information, possibility to travel more easily, to cooperate on a wider scale, get quite different new incentives
     - disadvantages: e. g. being forced to be more flexible, in communication, moving geographically, being confronted by different sets and values etc.

6. Ideas for your answer:
   - name and explain e. g. UN, NATO, IMF, but also Commonwealth and/or EU
   - illustrate positive effects and shortcomings of one or more of these organizations

   Example: UN
   - advantages of the UN: democratic structure, 192 nations are represented, opportunity to discuss and solve problems diplomatically, UN charter proclaims global values
   - shortcomings of the UN:
     - The Assembly's resolutions are not legally binding → they cannot make new international law nor authoritatively interpret existing international law.
     - Before a dispute can be submitted to the Court of Justice its jurisdiction has to be established by both parties (states). Some countries do not accept its jurisdiction at all.

- the Security Council has no army of its own → relies heavily on member states to respect and carry out its resolutions

= "toothless tiger"

7. Ideas for your answer:
   - illustrate e. g. the advantage of clothes, food, music from other cultures being readily available, the easier exchange of ideas and attitudes, and how something new can be created as an outcome etc.
   - as opposed to e. g. the challenge of being confronted by very different ideas and cultural beliefs and having to reconcile these, or the supposed threat of Americanization felt by many people

8. Ideas for your answer:
   - explain e. g. chances of finding a place to study, and later on to work
   - mention challenges included, e. g. challenge of language(s), having to adapt to new cultural surroundings, being away from family etc.

Mündliche Abiturprüfung NRW – Englisch
Grundkurs: Übungsaufgabe 7

Prüfungsteil 1: Monologische Präsentation

Aufgabenstellung

1. Describe the cartoon and the social issues and views presented in both cartoon and speech. *(Comprehension)*
2. Examine how these issues and views are presented. Consider the textual and visual features of the cartoon as well as the rhetorical devices and the content of the speech. *(Analysis)*
3. Comment on the cartoon. In doing so, also refer to the extract from Clinton's speech and work done in class on the American Dream. *(Evaluation: Comment)*

Text:
Hillary Clinton's Campaign Launch Speech

13 June 2015, Roosevelt Island, New York

In the presidential election of 2016 Hillary Clinton ran against Donald Trump. The following is an excerpt from the speech she gave when she launched her campaign.

[…] President Roosevelt called on every American to do his or her part, and every American answered. He said there's no mystery about what it takes to build a strong and prosperous America: "Equality of opportunity … Jobs for those who can work … Security for those who need it … The ending of special privilege for the few … The preservation of civil liberties for all … a wider and constantly rising standard of living."

That still sounds good to me.

It's America's basic bargain. If you do your part, you ought to be able to get ahead. And when everybody does their part, America gets ahead too.

That bargain inspired generations of families, including my own. […]

If you'll give me the chance, I'll wage and win Four Fights for you.

The first is to make the economy work for everyday Americans, not just those at the top. To make the middle class mean something again, with rising incomes and broader horizons. And to give the poor a chance to work their way into it.

The middle class needs more growth and more fairness. Growth and fairness go together. For lasting prosperity, you can't have one without the other.

Is this possible in today's world?

I believe it is or I wouldn't be standing here. […] *(218 words)*

Hillary Clinton's Campaign Launch Speech, 13 June 2015, Roosevelt Island, New York

Annotations

l. 2 *President Roosevelt:* Franklin D. Roosevelt, 32nd President of the USA, 1933–1945

l. 11 *to wage: (here)* to engage in (a fight)

Cartoon:

Mark Lynch/cartoonstock.com

Annotation

To keep up with the Joneses: (idiom) to try to possess as much and lead a similar lifestyle as your neighbours.

Prüfungsteil 2: Flexibles Prüfungsgespräch

Aufgabenstellung

1. In her speech Hillary Clinton alludes to the American Dream in a very positive way. **Illustrate** how it is dealt with in literature.
2. **Comment** on the concept of the American Dream.
3. The American Dream promises a better future, so did politicians who wanted Britain to leave the EU. Briefly **state** what implications Brexit has and **comment** on the promises made for a better future.
4. Let's look at a third country, namely Nigeria. Do you think it is justified to speak of a Nigerian Dream? Briefly **state** your opinion and **explain**.
5. Based on what you have learned about Nigeria, **assess** the challenges the country is facing.
6. English is widely spoken in Nigeria but also around the world as a so-called lingua franca. Define that term and **discuss** the advantages and disadvantages of using English as a lingua franca.
7. English as a lingua franca makes globalization easier. **Explain** what globalization is and **illustrate** some advantages and disadvantages of globalization.

Lösungsvorschläge

Allgemeiner Hinweis: Für die Lösungsvorschläge zur mündlichen Prüfung wird bewusst auf ausformulierte Musterlösungen verzichtet. Anhand der Stichpunkte sehen Sie, welche inhaltlichen Aspekte Sie abdecken sollten. Gehen Sie bei Ihrer Vorbereitung ähnlich vor und notieren Sie nur ein Gerüst, das Sie anschließend einem Gegenüber mündlich präsentieren.

Prüfungsteil 1

1. *In dieser Aufgabe müssen Sie Ihr Textverständnis nachweisen. Beginnen Sie wahlweise mit dem Cartoon oder der Rede. Nennen Sie jeweils sowohl den Verfasser (Zeichner bzw. Rednerin) und, soweit bekannt, Ort, Datum und Anlass des Erscheinens. Beschreiben Sie den Cartoon und benennen Sie kurz um welches soziale Thema es geht und wie die Sicht des Zeichners auf das Thema ist. Arbeiten Sie bei der Rede ebenfalls das Thema und die Sichtweise heraus.*

   Cartoon:
   - Two people sitting in front of a run-down mobile home: broken window, roof falling apart
   - man: unkempt, not properly shaven, in underwear, drink in his hand
   - woman: looks tired or sad, dress is mended
   - rubbish bin overflowing with bottles, cans and left overs
   - more rubbish on the ground
   - fence broken
   - flies flying around the mailbox
   - mail sticking out of the mailbox, spiderweb
   - name on the mailbox: The Joneses
   - man says: "Beats me why anyone would want to keep up with us."
   - topic: social mobility, social inequality, the failure of the American Dream
   - view: the lifestyle of the average citizen changes for the worse

   Speech:
   - topic: social mobility, special focus on the middle class
   - view: the basic promise of the American Dream must be kept: if you work hard, you prosper
   - Clinton wants to fight for this promise by: making the economy work for everyone, insuring rising incomes, enabling the poor to rise to the middle class, fairer and better conditions for the middle class
   - If the promise is kept, not only will the people prosper, but also the country

2. *Hier geht es um eine Analyse beider Materialien. Achten Sie bei dem Cartoon sowohl auf die Text- als auch auf die Bildelemente und erklären Sie, was diese zur Aussage des Cartoons beitragen. Achten Sie bei der Rede darauf, wie die rhetorischen Mittel und der Inhalt der Rede die Textaussage unterstreichen.*

Cartoon:

- The name on the mailbox and the speech bubble refer to the idiom "to keep up with the Joneses"
- the Joneses stand for everything their neighbours also want to have, a good lifestyle and prosperity
- ironically the Joneses in the cartoon have neither
- the visual elements underline their poverty and their hopelessness
- still the Joneses stand for the average people, maybe even slightly above average → the average people have become poor and hopeless → it is no longer desirable to keep up with them

Speech:

- Clinton quotes authority: President Roosevelt, who shares her view (cf. ll. 1–6) → proves her right
- Parallelism (ll. 8/9): shows the close connection between individual prosperity and that of the whole country
- "wage and win" (l. 11): alliteration → stresses how hard Clinton will fight for the people and her confidence to win the fight
- "Four Fights" (l. 11): alliteration, use of capital letters → stresses importance of the four fights she is willing to wage for Americans
- ll. 12–17: she points out how she wants to keep the American Dream alive, implicitly she also points out what is wrong with the USA right now:
  - only the rich profit from a recovering economy
  - the middle class is shrinking
  - no social upward mobility for the poor

  → the middle class can't grow and conditions are unfair
- Rhetorical question (l. 18) → catch the audience's attention, set them thinking, stresses the answer that follows, underlines her determination and confidence

3. *Hier ist Ihre eigene Meinung gefragt. Nehmen Sie begründet Stellung zu dem Cartoon, sagen Sie z. B. inwieweit er Ihrer Meinung zutreffend ist. Stellen Sie Bezüge zu der Rede her und beziehen Sie Vorwissen aus dem Unterricht mit ein.*

- cartoon is up-to-date
- social mobility is moving more downwards than upwards
- the middle class suffered most from the financial crisis starting in 2007, many lost their homes, maybe ended up in mobile homes like the one in the cartoon
- the rich profit much more from a recovering economy than the middle class or poorer people (compare Clinton's speech)

- the rich and companies profit from Trump's tax reform
- Clinton alludes to the American Dream (cf. l. 8), the promise is no longer kept
- It is not only a problem in the USA but in other countries, e. g. Germany, too

Prüfungsteil 2

1. Ideas for your answer:
   - refer to literary texts discussed in class that deal with the American Dream
   - give a brief summary of the text's content
   - show how the American Dream is depicted in that text (very often, the view presented in literature is a more negative one); refer to characters that are important in that respect, for example because they live the American Dream or because to them it is an "American Nightmare"
2. Ideas for your answer:
   - state your opinion on the concept of the American Dream and explain
   - try to show both positive and negative effects
   - the belief that you'll prosper if you only work hard may motivate (Puritan work ethic)
   - if you don't succeed, it must be your fault, no one will help you (individualism vs. social welfare)
   - new Frontier spirit leads to (technological) progress but also to an aggressive foreign policy
   - good education can lead to upward social mobility; however, higher education is often very expensive
3. Ideas for your answer:
   - implications: Britain is no longer a member of the EU; freedom of movement between Britain and EU is limited; applies to both people and products
   - promises: higher wages for British employees because less EU workers who work for lower wages will come to Britain; less influence from the EU on national decisions
   - disadvantages: strict rules for EU workers coming to the UK → staff shortage e. g. in hotels and haulage; trade is more complicated → many forms need to be filled out → difficult, especially for small companies; trading boundary between Republic of Ireland and Northern Ireland puts peace process at risk → Northern Ireland Protocol shifts trading boundary between British mainland and Northern Ireland
4. Ideas for your answer:
   - explain what the term Nigerian Dream might mean: social upward mobility due to hard work, the possibility to lead a fulfilling life
   - Nigeria is a rising nation

- many international companies can be found in Nigeria, especially oil companies
- increasing wealth in Nigeria, especially in big cities
- contrast: poverty in rural areas but also in city slums
- Nollywood: second largest film producer after Hollywood
- rich in oil resources
- bribery/corrupt politicians → money does not reach the people

5. Ideas for your answer:
   - corruption: bribes must be paid e. g. to get a job in the public service or to be admitted to public schools and to take exams there; politicians are corrupt → money should be used for the people, to improve the infrastructure, the health and educational system
   - terrorism and violence: Boko Haram, child soldiers → some areas, especially in northeast Nigeria are not safe → both corruption and terrorism discourage international investors
   - child labour: children work e. g. as street vendors, beggars, car washers, domestic servants, farm hands, soldiers → don't go to school → no education → no way out

6. Ideas for your answer:
   - definition: a language used between people who do not speak one another's native language; used to communicate across different cultures and nationalities
   - advantages: Google Translate and similar tools can help if someone doesn't speak a language, but a lingua franca is needed for face-to-face interaction and communication
   - more possibilities to study and work abroad if you already speak the lingua franca well
   - dangers: threat to diversity of languages
   - language = part of one's culture and identity; if English takes over in private situations, people's identity and culture may be affected negatively
   - English is in many countries the language of the former colonists = language of the oppressor → may lead to feelings of inferiority

7. Ideas for your answer:
   - give a definition, e. g. a process characterized by the interaction of people, countries and companies, closely connected with economy, influence on culture and society, enhanced by advances in technology
   - mention advantages as well disadvantages to you yourself and give examples
     - advantages: e. g. easier access of goods, information, possibility to travel more easily, to cooperate on a wider scale, get quite different new incentives
     - disadvantages: e. g. being forced to be more flexible, in communication, moving geographically, being confronted by different sets and values etc.

Abiturprüfung NRW – Englisch 2017
Grundkurs: Aufgabe 1

Teil A: Leseverstehen und Schreiben (integriert) Inhalt 42 P. / Sprache 63 P.

Aufgabenstellung

		Punkte
1.	Describe the steps of and the reasons for the students' action as well as the reactions they cause. *(Comprehension)*	12
2.	Analyse how suspense is created. Consider stage directions, dialogue and voice-over. *(Analysis)*	16
3.	Choose **one** of the following tasks:	14
3.1	Comment on the chances and dangers of the students' action and its relevance for contemporary U.S. society. *(Evaluation: comment)*	
3.2	The following day, *The Nashville Tennessean,* a daily newspaper in Nashville, published a report about the students' action Write that newspaper report covering the perspectives of the different sides involved. *(Evaluation: re-creation of text)*	

Text:
Danny Strong, *The Butler* (2013)

This is an extract from the film script The Butler. *The scene is set in 1960. At the beginning, Louis Gaines, Carol Hammie, and other students attend a meeting at Fisk University, a university in Nashville, Tennessee, originally for African-Americans. The speaker is James Lawson, an African-American priest and civil rights activist.*

JAMES LAWSON (CONT'D): So we're gonna form an army, you and I. This army has one weapon, and this weapon is love. Now I am of the – yes?

CAROL *(raising her hand)*: If our only weapon is love and their weapons are … weapons, isn't that dangerous?

JAMES LAWSON: You can be killed. If anyone is uncomfortable with that, you know where the door is. I understand that sounds provocative, but it's true.

No one does.

JAMES LAWSON (CONT'D): Alright kids: It's show time.

Masking his excitement to this new world, Louis tries to be cool, giving Carol an assured nod. […]

EXT. DOWNTOWN NASHVILLE – DAY –1960

Louis and Carol walk down the street with several other students. All nervous but determined. Carol grabs Louis' hand as they walk toward A WOOLWORTHS DEPARTMENT STORE.

JAMES LAWSON V.O.: Ghandi has demonstrated for us that a brown man, in his native land, or anywhere that he is being oppressed, can pull himself out of segregation with patience, with persistence, with intelligence and thought.

INT. WOOLWORTHS LUNCH COUNTER – 2ND FLOOR – DAY – 1960

The five students walk up to the LUNCH COUNTER. *It is half filled with* WHITE PATRONS.

JAMES LAWSON V.O.: With discipline, and a bit of a sense of humor.

The black students sit down at the counter. The white patrons immediately look at them, stunned. A WAITRESS *drops her tray.*

WAITRESS: You know y'all can't sit here.

LOUIS: We would like to be served, please.

JAMES LAWSON V.O.: This is unprecedented what we're talking about. But it needs a patience that none of us have ever seen.

WAITRESS: You can order food in the colored section, but I'm not going to be serving you here.

The students stare forward. They aren't going to move. […]
Patrons stare at the students. Every one is giving them confused and dirty looks. BLACK PATRONS *sitting in the 'colored only section' look nervous. The students all look calm as they stare forward, waiting to be served.*

JAMES LAWSON V.O.: We are organized. We have a leader with every group. We have lookouts, with pocket change, and the local phone numbers for ambulances ready. And when one wave comes off that lunch counter, what follows? A whole 'nother wave of negro students sitting right there at that lunch counter blowing their minds.

Louis turns to the waitress.

LOUIS: We would like to be served, please.

She just stares back at him like he's crazy. *(417 words)*

From: Danny Strong, The Butler, *The Weinstein Company, 2013, pp. 39–41.*
www.pages.drexel.edu/~ina22/splaylib/Screenplay-Butler.pdf (Zugriff: 19. 06. 2016)

Annotations

l. 1 *CONT'D:* continued
l. 11 *EXT.:* exterior
l. 15 *V.O.:* voice-over
l. 15 *Ghandi:* misspelling of Gandhi
l. 18 *INT.:* interior
l. 34 *pocket change: here*: coins for making a phone call

Teil B: Sprachmittlung (isoliert) Inhalt 18 P. / Sprache 27 P.

Aufgabenstellung

4. Your American friend is working on a presentation about discrimination at universities. While browsing the internet he has come across the article by Anna Bernzen and wants to know what it is about.
   Write an email to your friend in which you explain how the project presented works, what it aims at and what it has to do with Harvard.
   (Mediation)

Text:
Anna K. Bernzen, Diskriminierung an Unis: „Ich habe nichts gegen Ausländer, aber …"

Farah Ahdour ist mit neuen Bekannten aus der Uni zur Party gekommen. Über den Beat hinweg unterhalten sie sich über die ersten Wochen als Studenten. Ein Kommilitone wendet sich Farah zu. Er muss fast schreien. „Sag mal, wissen deine Eltern eigentlich, dass du hier bist?"

Im Nachhinein hätte Farah damals gerne gesagt: „Klar, die haben mir einen GPS-Sender eingebaut." Im Club hat sie die Frage des Studenten erst einmal sprachlos gemacht. „Wissen deine Eltern, dass du hier bist?", hat sie deshalb heute mit schwarzem Filzstift auf die weiße Tafel geschrieben, die sie vor der Mannheimer Uni in die Kamera hält. Neben ihr auf dem Boden liegt ein Schild, selbstgebastelt aus zwei Supermarkt-Pappkartons. „#AuchIchBinDeutschland" steht in Großbuchstaben darauf geschrieben.

Unter dem Hashtag „AuchIchBinDeutschland" stellen Studenten mit Migrationshintergrund Bilder wie das von Farah Ahdour ins Netz. Sie haben dafür ein Tumblr-Blog angelegt, nutzen aber auch Facebook und Instagram, um sie zu verbreiten. Für ihre Bilder haben sie Vorurteile aufgeschrieben, mit denen sie im Alltag konfrontiert werden. Vorurteile wie das über Farahs strenge marokkanische Eltern. „Nein, ich verkaufe kein Weed", hat einer geschrieben. Ein anderer: „Ja, ich darf eine deutsche Freundin haben." Vor der Universität Mannheim soll das Pappkarton-Schild mit den Großbuchstaben heute Studenten anlocken, die ähnliche Sprüche erlebt haben.

Vorbild für die Fotoaktion war das Projekt einer Studentin der amerikanischen Eliteuniversität Harvard. Für einen Uni-Kurs bat sie schwarze Kommilitonen, ihre alltäglichen Erfahrungen mit Diskriminierung auf dem Campus auf weißen Tafeln aufzuschreiben. Unter dem Titel „I, too, am Harvard" lud sie die Bilder der Studenten mit den Sprüchen auf Tumblr hoch. Schnell fand das Projekt weltweit Unterstützer, etwa an den Universitäten in Oxford und Cambridge. […]

„Ziel der Kampagne ist es, den Menschen einen Anstoß zum Umdenken zu geben", sagt Mikolaj Ciechanowicz, der die Aktion für die Stiftung koordiniert. Anastasia Erohina wird konkreter: „Ich möchte, dass die Menschen ihre Definition von ‚Deutsch-Sein' überdenken." *(310 Wörter)*

Anna K. Bernzen, „Diskriminierung an Unis: ‚Ich hab nichts gegen Ausländer, aber …'", in: Zeit Online, *9. 5. 2014. www.zeit.de/studium/uni-leben/2014-05/fotokampagne-diskriminierung-student-hochschule (Zugriff: 19. 6. 2016)*

Anmerkung
Z. 27 *Stiftung: hier:* Deutschlandstiftung Integration

Lösungsvorschläge

Teil A: Leseverstehen und Schreiben (integriert)

1. *This assignment is threefold. You need to say why the students decide to take action and also give a detailed account of the different steps they take. Third, you have to describe what reactions they are met with.*
   - *The students' reasons as voiced by Lawson:*
     - *They protest against oppression.*
     - *They follow Gandhi's example.*
     - *They believe that their actions can lead to segregation being abolished, if they are persistent and patient.*
   - *The steps:*
     - *Lawson appeals to them.*
     - *They all leave together heading towards a department store.*
     - *They sit down in the white sections of the lunch counter and try to order.*
     - *They remain there and wait to be served.*
   - *The reactions they cause:*
     - *The waitress drops her tray.*
     - *The white customers are surprised and annoyed.*
     - *Other black customers are worried.*

The extract from the screenplay *The Butler* written by Danny Strong and published in 2013 is about a group of African-American students who undertake a protest activity against segregation.
The group of students is led by James Lawson, an African-American priest and civil rights activist. Lawson appeals to them to protest against oppression. He motivates them by referring to the example of Gandhi's non-violent protest. Lawson tells them that their actions can lead to segregation being abolished, if they are persistent and patient.

After Lawson's appeal, they all go to the lunch counter of a department store. There they sit down in the white section and try to order. Though the waitress is shocked enough to drop her tray, they do not move but wait to be served.
The other black customers, sitting in the "colored only section", are worried. The white customers are surprised but also annoyed. *(148 words)*

2. *The analysis is about the way suspense is created. As the text to be analysed is a screenplay you are meant to focus on stage directions, dialogue and voice-over. The stage directions indicate what the characters do and also how they speak. A voice-over is a voice one hears without seeing the speaker on screen. Often such a voice-over provides commentary on what is happening.*
   - *Suspense is created because the situation is obviously dangerous.*
     - *First, the students are hesitant.*
     - *Their discussion about weapons and their possible death proves how dangerous the situation is (cf. ll. 3–6).*
     - *This is underlined by their feelings, which are described in the stage directions (cf. ll. 9/10, 12–14).*
     - *Lawson's voice-over shows that they are non-violent (cf. l. 15).*
   - *The description of the scene in the department store emphasizes the conflict between whites and blacks.*
     - *The activists are outnumbered (cf. l. 19).*
     - *They create a commotion (cf. ll. 21/22).*
     - *The reactions of the other characters indicate that the situation is frightening (cf. ll. 30/31).*
     - *By contrast, the students themselves remain cool on the outside (cf. ll. 31/32) and persistent (cf. l. 38).*
     - *Lawson's voice-over stresses the singularity of their action (cf. l. 25).*
     - *The voice-over makes it clear that the students will not go away but their number will increase (cf. ll. 35/36).*

The scene presented here is a very tense one and tension even continues to rise during the scene. It is mainly created by the help of stage directions, which indicate the reactions the students face, but also by the dialogue on screen and the comments the viewers hear from Lawson off-screen in a voice-over.
Right from the start, tension is high because the dialogue makes it very clear that the students' lives may be in danger. Their "only weapon is love" (l. 3) but they may very well face other weapons. Lawson even admits that they "can be killed" (l. 5). The inequality between the activists and their possible opponents is further underlined by Lawson's voice-over, when he refers to Gandhi as an example (cf. l. 15). Accordingly the students are described as "nervous but determined" (ll. 12/13) in the stage directions. The fact that "Louis tries to be cool, giving Carol an assured nod" (ll. 9/10) and that "Carol grabs Louis' hand" (l. 13) stresses their anxious state of mind.

Tension increases when the group of students enters the department store's restaurant. The stage directions show that they are clearly outnumbered. There are "five students" (l. 19) at a counter "half filled with white patrons" (l. 19). Their appearance in the white section creates a commotion straight away, indicating that their action is unheard of. "A waitress drops her tray" (l. 22); white customers give them "dirty looks" (l. 30); and even black customers "look nervous" (l. 31). By contrast, the students appear to be "calm" (l. 31) and Louis demands "to be served" (l. 38). As the waitress clearly is not willing to do so (cf. ll. 27/28), the viewers are left to wonder what will happen and if there can be a non-violent end to this protest activity. Lawson's voice-over makes it clear that the students will not leave and that the protest activities will only increase in number (cf. ll. 35/36). Thus, it is apparent that a clash between blacks and whites, most possibly a violent one, is inevitable.

All in all, the contrast between the non-violent but persistent students on the one hand and the far greater number of angry white people on the other hand make for a lot of the tension in the screenplay. The dialogue and especially the voice-over stress that a conflict is imminent. The stage directions allow an insight into the characters' state of mind. *(408 words)*

3.1 *In this comment you have to elaborate on three aspects. First, the chances or positive outcomes of the students' action; second, the dangers or risks involved; and third, the importance of this action for present-day U.S. American society.*

- *Chances:*
  - *Non-violent actions*
  - *Raise awareness*
  - *Lead to changes*
- *Risks:*
  - *Call the status quo in question → affect the stability of the society*
  - *Violent reactions*
  - *Political sanctions*
  - *Legal consequences*
- *Relevance:*
  - *Situation of African-Americans improved*
  - *Set an example*

The action the students in the screenplay *The Butler* take is both very brave and dangerous, but it was actions like this which changed the course of history.

The protest is apt to raise tremendous attention as it is described as "unprecedented" (l. 25). This attention can be used to increase awareness for a current problem, in this case for the oppression of African-Americans. As it is non-violent, one should think that it is very peaceful and non-offensive.

However, the tension created in the screenplay also hints at a huge problem. Though the protest itself is non-violent, it certainly is considered very offensive and therefore prone to cause violent reactions, making the activity dangerous for

the students involved but possibly also for by-standers. As the civil rights activists call into question the status quo, their action affects the stability of society, which may lead to social unrest.
Still, the situation in the USA today proves that the civil rights movement was a huge success. The situation of African-Americans has improved considerably and they mostly stand similar chances as white Americans, Barack Obama probably being the most famous example of how far African-Americans have come.
Talking about examples, it needs to be stressed that the students' action can set a positive example for society today. Non-violent actions can still raise a lot of attention and lead to change in the long run. The Women's March against Donald Trump, which was initiated in New York and which spread throughout the world, is proof that non-violent protest still exists.
To conclude, one can say that the students' action was very brave because they risked their lives for a greater cause. Due to the patience and persistence that Lawson mentions (cf. l. 17) civil rights activists managed to not only have segregation abolished but to gain equality. This success can be a motivation for people who want to change society today. *(317 words)*

3.2 *In this creative task you have to write a newspaper article reporting on the action at the department store's lunch counter. In doing so you have to describe what has happened. You are asked to present the point of view of the students as well as of the other people present. You can try to stick to the language of the time.*
- *Find a headline*
- *Use a by-line*
- *In the first paragraph, answer the wh-questions:*
  - *who: five negro students*
  - *when: yesterday*
  - *where: at Woolworths department store*
  - *what: sat down in white section, wanted to order food*
- *Point of view of the students:*
  - *raise awareness about segregation*
  - *bring segregation to an end*
- *Point of view of white patrons:*
  - *indignant, no sympathy*
- *Point of view of black patrons:*
  - *worried, no support for black students*

Unprecedented incident at Woolworths'
by Louis Strong, 19 May 1960

Yesterday a group of five negro students entered Woolworths department store and sat down in the white section of the lunch counter where they tried to order food, without success.
The students claim that their non-violent protests are meant to raise awareness to – what they call – the oppression of the black man and to help bring segregation

to an end. They are dissatisfied with the present situation and want to continue their actions as long as it takes to make a change.
The other patrons in the restaurant, however, were not enthusiastic. Both white and black customers did not show any support for the students. All of them felt that the five of them were there to disturb the peace in town. Other black customers were worried violence might break out and white customers were indignant. The waitress stood her ground and did not serve the students but instead asked them to move to the colored only section.
Judging from the perseverance of the students, there will most probably be more of these actions in the future. Nashville seems to be facing a hot summer.

(195 words)

Teil B: Sprachmittlung (isoliert)

4. *In der Mediationsaufgabe sind Sie aufgefordert, aus einem Zeitungsartikel Informationen zu einem Projekt und zu dessen Zielen herauszufiltern. Außerdem sollen Sie die Verbindung dieses Projekts zur Harvard Universität aufzeigen. Auf Grundlage dieser Informationen verfassen Sie dann eine E-Mail an einen Freund in den USA, der die Informationen für eine Präsentation über Diskriminierung an Universitäten erstellen muss. Der Stil ist also entsprechend umgangssprachlich.*
   - *Das Projekt:*
     - *„#AuchIchBinDeutschland“*
     - *Studenten mit Migrationshintergrund schreiben Vorurteile, mit denen sie konfrontiert wurden, auf ein Plakat und machen ein Foto von sich und dem Plakat, das in sozialen Medien geteilt wird.*
   - *Die Ziele:*
     - *Anstoß zum Umdenken*
     - *Die Definition von ‚Deutsch-Sein‘ überdenken*
   - *Verbindung zu Harvard:*
     - *Vorbild für die Fotoaktion*
     - *Projekt einer Studentin: “I, too, am Harvard”*
     - *Bilder hochgeladen auf Tumblr → schnelle Verbreitung*

Dear Kylee,

Thank you for your email and the interesting article you sent to me. I can see why it caught your attention; the headline matches the title of your presentation perfectly. Of course, I'll gladly tell you what information the article contains on the project, its aims and its connection to Harvard.
The project is called “I, too, am Germany”. Students with a migrant background write down prejudices they face in their daily life on a cardboard poster and then get photos taken of them and their poster, which they post on social media websites. You can read phrases like, “No, I don't sell drugs”, or “Yes, I'm allowed to have a German girlfriend”.

The aim of the project is to make people change the way they think, more exactly to rethink the way they define what it means to be German.
The project was inspired by a similar campaign which a student at Harvard University started. Her project is called "I, too, am Harvard' . She has taken photos of African-American students who present posters with the discriminating phrases they tend to hear. When she posted these photos on Tumblr, her campaign spread very fast, for example to Great Britain and to Germany.
I hope these pieces of information are helpful for you. If there is anything I can do for you, just let me know.
Good luck with your presentation.

Lots of love,
Mia

(236 words)

Abiturprüfung NRW – Englisch 2017
Grundkurs: Aufgabe 2

Teil A: Leseverstehen und Schreiben (integriert) — Inhalt 42 P. / Sprache 63 P.

Aufgabenstellung — Punkte

1. Outline Robertson's views on the official 2015 German "Youth Word" and the use of mobile technology in different generations – those born before and those born after the year 2000. *(Comprehension)* — 12

2. Analyse how Robertson presents his views. Focus on communicative strategies and use of language. *(Analysis)* — 16

3. Choose **one** of the following tasks: — 14

3.1 Comment on Robertson's view on the digital age's "obligation to be constantly online" (l. 22). Refer to the article as well as work done in class. *(Evaluation: comment)*

3.2 As a concerned parent you participate in a panel discussion on *Smartphone Zombies.* Write an opening statement in which you oppose Robertson's views and refer to your personal experience. *(Evaluation: re-creation of text)*

Text:
Douglas Robertson, Smartphone zombies are taking over our pavements. Am I the only person who thinks that's a good thing?

Every year, Germany chooses an official 'Youth Word', the culmination of the annual Youth Word of the Year contest organised by Langenscheidt. Last year, the word they chose was "smombie", the "smartphone zombie". This word is now apparently beginning to gain relevance here in the UK, too.

This cliché is pretty tired now – people veering blindly along pavements, their eyes glued to their phones, absent-mindedly sending little old ladies flying and generally leaving a trail of destruction in their wake – and I just don't buy it.

The Sunday Times have reported on the rise of the "smombie" this week, in a feature emphasising how dangerous walking and texting actually can be […].

The image of the young "smombie" on their smartphone feels like a rather lazy way of demonising not only a technology but also a generation.

When the term was coined in Germany last year (allegedly by teens), it was met with considerable protest from some quarters. It was suggested that, rather than being a word used *by* young people, it was more a word used *about* them, and this chimes with my misgivings about the whole concept.

Consider the upcoming generation – a generation where babies instinctively reach out and touch screens, and anyone who doesn't have some sort of device by the time they reach primary school risks being abandoned as a social pariah. Growing up with social media and mobile technology as part of their established environment, these kids stand a much better chance of having a healthy relationship with tech than we do.

For millennials and baby boomers, struggling to reconcile jobs from an analogue age with the new obligation to be constantly online, we come a cropper far too often. But for them; technology will complement and enhance their lives, rather than invade it; they will use technology rather than being governed by it. […]

It's easy to label the younger generation a detached, socially stunted crop of people, and this lazy rhetoric about "smombies" (a horrible word – try saying it out loud) feeds into that monotonous drone.

I say the opposite. Just as the technology that is an integral part of our daily lives continues to evolve and adapt to our needs and behaviours, we too continue to adapt and evolve with it.

And if there are a few stragglers left behind, stepping in front of cars as they reach for their all-important iPhones? Well, natural selection will inevitably, ultimately, prevail.

(410 words)

Douglas Robertson, "Smartphone Zombies Are Taking Over Our Pavements. Am I the only person who thinks that's a good thing?", in: The Independent, *21. 2. 2016*

Annotations

l. 2 *Langenscheidt:* German publishing company specialising in language resources
l. 21 *millennials:* generation born between 1980 and 2000
l. 22 *to come a cropper (informal): here:* to suffer a setback
l. 25 *stunted: here:* limited in development
ll. 26/27 *to feed into that monotonous drone: here:* to support those constant complaints

Teil B: Sprachmittlung (isoliert) — Inhalt 18 P. / Sprache 27 P.

Aufgabenstellung

4. Your British partner school's magazine prepare a special edition on the impact of mobile technology on the language of young people.
Based on Irena Güttel's text write a report in which you outline how new media change the language of young speakers of German as well as reactions to these changes. *(Mediation)*

Text:
Irena Güttel, *Bäm! Nom Nom!*

A: „was machste we?“, B: „gehn essen, nom nom“, B: „jip!“, A: „späta party?“, B: „yup, bin dabei. bäm!“. So oder so ähnlich könnte es aussehen, wenn sich zwei junge Leute über Facebook oder WhatsApp fürs Wochenende verabreden. Sprachpuristen kommt da das Grausen. […]

SMS, E-Mail, Chat und soziale Netzwerke – ständig tippen wir irgendwelche Nachrichten. Statt mit der besten Freundin zu telefonieren, schicken wir schnell ein paar Kurznachrichten hin und her. Mit der Folge, dass wir schreiben wie wir sprechen: in Wortsplittern, Satzfragmenten und ohne genau auf Rechtschreibung und Grammatik zu achten.

Wir schreiben We statt Wochenende, Jip statt Jippie. Präpositionen und Pronomen werden weggelassen oder verschmelzen mit anderen Wörtern. Dazu kommt eine Fülle von emotionalen Ausdrücken wie haha, gähn, seufz, mmmh und nom nom für lecker oder bäm für totale Begeisterung. Denn wo Gesichtsausdruck und Stimmlage fehlten, müssten Worte Gefühle vermitteln, sagt der Hannoveraner Sprachwissenschaftler Volker Schlobinski.

Forscher beobachten diese Abwandlung von Sprache schon seit vielen Jahren. Während früher vor allem Computer-Nerds Begriffe wie lol (Abkürzung für laut lachen) oder omg (Abkürzung für Oh, mein Gott!) nutzten, sind diese heute für viele selbstverständlich. […]

Sprachbewahrer sehen angesichts dieser Entwicklung schwarz. Ihre Befürchtung: Gerade junge Leute, bei denen Rechtschreibung und Grammatik noch nicht gefestigt sind, könnten gar kein korrektes Deutsch mehr lernen. Schlobinski sieht da jedoch keine Gefahr. „Es macht keinen Sinn so zu schreiben wie Thomas Mann, wenn ich einen Tweet (Text auf Twitter) mit 140 Zeichen verfasse.“ Trotzdem seien Jugendliche noch in der Lage, ordentliche Schulaufsätze zu schreiben.

Diese Einschätzung unterstützt auch eine Studie von Christa Dürscheid in der Schweiz. Sie hatte vor vier Jahren untersucht, wie sich E-Mail, Chat und SMS auf das Schreiben von Jugendlichen in der Schule auswirkt. Ihr Ergebnis: Die meisten Schüler können unterscheiden, ob sie eine SMS oder einen Aufsatz schreiben. „Die Schreibkompetenz hat nicht nachgelassen – im Gegenteil. Sie ist breiter geworden“, meint Dürscheid. Denn eine einheitliche Websprache gibt es nicht. In einer E-Mail schreibt man anders als im Chat. *(328 Wörter)*

Irena Güttel, „Bäm! Nom Nom!“, in: Mitteldeutsche Zeitung, *24. November 2014*

Anmerkung
Z. 23 *Thomas Mann:* Deutscher Schriftsteller (1875–1955)

Lösungsvorschläge

Teil A: Leseverstehen und Schreiben (integriert)

1. *In this task, you need to summarize the most important aspects concerning Robertson's opinion about the official German Youth Word. Furthermore, you are required to sum up what he says about the way younger and older generations use mobile technology.*
   - *Robertson rejects the German Youth Word:*
     - *It was not coined by young people.*
     - *It condemns a generation.*
     - *It revives a worn-out cliché.*
   - *He approves of the way young people use mobile technology:*
     - *They have grown up with it.*
     - *They use it competently and successfully.*
     - *They are not dominated by this technology.*
   - *Older generations have more problems with mobile technology:*
     - *They are dominated by it.*
     - *They do not use it that successfully.*

The newspaper article "Smartphone zombies are taking over our pavements. Am I the only person who thinks that's a good thing?" written by Douglas Robertson and published in *The Independent* on 21. 02. 2016 is about the official 2015 German "Youth Word" and the use of mobile technology in different generations.
Robertson disapproves of the word "smombie", which is short for "smartphone zombie" and was officially chosen "Youth Word" in Germany in 2015. He thinks that it revives a worn-out cliché and only serves to condemn a whole generation. Furthermore, the journalist doubts that the word was actually coined by young people and, therefore, argues that it is not really a Youth Word at all.
According to Robertson the younger generation makes good use of mobile technology. As they have known it all their lives, they use it naturally and can benefit from it. The technology does not dominate their lives but serves them.
Robertson claims that generations born before the new millenium, by contrast, have difficulty integrating mobile technology into their lives without being dominated by it. They cannot use the technology as successfully as the younger generations. *(189 words)*

2. *In the analysis you have to examine how Robertson tries to bring across his message. In doing so, you need to focus on communicative strategies, for instance direct address, and language, e. g. stylistic devices.*
   Communicative strategies:
   - *He uses words with a negative connotation to underline his rejection of the Youth Word, e. g. "cliché" (l. 5), "demonising" (l. 11), "lazy rhetoric" (l. 26).*

- *He makes fun of the sound of the word (cf. l. 26).*
- *He criticizes the people who condemn the younger generation (cf. ll. 5–9 and ll. 25–27).*
- *He expresses his doubt and in general his view very clearly.*
- *He uses informal language to show that he knows a lot about young people and thus can be considered an authority on this subject: "I just don't buy it." (l. 7), "we come a cropper" (l. 22), "kids" (l. 19), "tech" (l. 20).*

Stylistic devices:
- *Rhetorical question in the headline*
- *Use of the adverb "allegedly" (l. 12)*
- *Contrast between a word that is used "by" somebody and one that is used to talk "about" someone (cf. ll. 13/14)*
- *Contrast between "we" and "they" to emphasize the different generations (cf. ll. 22–24)*
- *Choice of words, e. g. "complement" (l. 23) and "enhance" (l. 23) in contrast to "struggling" (l. 21), "obligation" (l. 22), "invade" (l. 23)*
- *Exaggerations, e g. "social pariah" (l. 18)*
- *He uses imagery and irony or sarcasm to create a more vivid picture (see ll. 5–7, 26/27 and 31–33).*

Robertson presents his view very explicitly by defending the younger generation and attacking those people who criticize this generation. To do so, he uses communicative strategies like exaggeration, sarcasm and a very pointed choice of words.
With his rhethorical question right in the headline, Robertson makes it clear that he is in favour of so-called smartphone zombies, which raises the readers' interest as they want to know how a zombie apocalypse can be a "good thing".
Contrast is in general an important stylistic device in Robertson's text. The journalist creates a dichotomy between the "millennials and baby boomers" (l. 21) on the one hand and the generation born after the year 2000 on the other. To stress this contrast he uses the pronouns "we" (ll. 20, 22) and "they" (l. 24) or "them" (l. 23). He emphasizes the positive use the younger generation makes of mobile technology by using words with a positive connotation, e.g. "complement" (l. 23) and "enhance" (l. 23). By contrast the life of older people is said to be "invade[d]" (l. 23) by mobile technology. They have to "struggl[e]" (l. 21) to adapt to the technology and this feels like an "obligation" (l. 22) to them. All these words stress that mobile technology is a burden or even a threat to older generations.
In his article Robertson attacks those people who condemn the younger generation. He says that it is "easy to label the younger generation" (l. 25) and that in doing so they use "lazy rhetoric" (l. 26). He claims that they "demonis[e]" (l. 11) them, which can be considered an exaggeration.
Furthermore, Robertson makes his doubt about the "Youth Word" very clear. To do so, he uses the adverb "allegedly" (l. 12) and a contrast, saying that the Youth Word is used to talk "about" youth rather than being used "by" young people in the first place (cf. ll. 13/14). He makes fun of the word itself by pointing out its

"horrible" (l. 26) sound. To stress this he addresses the readers directly and asks them to "try saying it out loud" (l. 26).
In addition, Robertson's ironic tone is worth noting. For instance he says that young people growing up without mobile technology risk "being abandoned as [...] social pariah[s]" (l. 18), which is an exaggeration to stress how common technical devices are for the younger generation. He also uses imagery in his article to create a more vivid picture. The constant criticism against the younger generation, for example, is described as a "monotonous drone" (l. 27) suggesting that it is only a worn-out and boring cliché. In the very last paragraph he uses another sarcastic image, meant to be funny, to pretend that the killing of people who cross the streets blindly due to their mobiles is "natural selection" (l. 32).
Finally, Robertson uses informal language, for instance in line seven ("I just don't buy it") and in line 22 ("we come a cropper far too often"). By using this register he suggests that he is still close enough to the younger generation to be considered an authority on that topic.
All in all, Robertson uses language and communicative strategies to present the Youth Word and its supporters as ridiculous and questionable. On the other hand the generation under criticism is depicted in a favourable light. *(555 words)*

3.1 *Here you have to express your opinion on Robertson's view that people feel or actually are obliged "to be constantly online" (l. 22). To start with, you should assess the reasons Robertson himself brings forth to support his view. Next, you need to come up with more arguments of your own, based on your background knowledge.*

- *Robertson argues that people have the feeling that they have to be online all the time:*
  - *Nowadays many jobs demand constant availability. (cf. ll. 21/22)*
  - *Those who are not online risk becoming an outcast. (cf. ll. 17/18)*
  - *How well they can cope depends on their relationship with technology. (cf. ll. 21–24)*
- *Further arguments:*
  - *Email and WhatsApp are not only important in the working world, but are being used in school as a means of communication already.*
  - *It changes the way people communicate and therefore also their relationships among each other, e. g. in family life.*

Douglas Robertson claims that there is an "obligation to be constantly online" (l. 22) which comes with the possibilities mobile technology offers. As he puts this phrase into the context of older generations, who are "struggling to reconcile jobs from an analogue age with [this] new obligation" (ll. 21/22), he makes it sound rather negative. But does constant online presence have a negative impact on all of us?
Robertson himself makes the difference between people born before the new millennium and those after because, according to him, younger people are born into

a world with modern technology which thus has become their natural habitat. Certainly this is true and reduces the fear or scepticism towards this technology that some older people feel. But it does not reduce the pressure to be constantly online to not miss out on anything.

As the journalist himself admits, children who do not "have some sort of device by the time they reach primary school [risk] being abandoned as a social pariah" (ll. 17/18). Though this statement is exaggerated, it is true to some extent. Even teachers use social media to communicate with and pass on information to their students. Those who do not use WhatsApp for instance may easily be cut off.

Another aspect that Robertson mentions is work. Nowadays people have to use mobile technology at work and often it makes their working life easier. But if their employer expects them to be online or on call all the time, it becomes a burden and may have a negative impact on family life. Just the other day I saw a family of three in a café at the beach but instead of enjoying the view and talking to each other they were all staring at their mobiles.

To conclude, I have to say that I am not quite as optimistic as Robertson when it comes to the younger generation. I rather think that it is a matter of personal habits and attitude whether mobile technology is perceived as an obligation or an opportunity; and it certainly depends on people's willingness to go offline from time to time. *(355 words)*

3.2 *For this task you need to put yourself in the shoes of a mother or father who disagrees with Robertson's view. You are explicitly asked to base your arguments on personal experience, e. g. with your own son or daughter or with friends. The text you have to write is an opening statement for a debate, which means you have to transcribe oral language. Still you should use rather formal language and, if possible, some rhetorical devices.*

- *Greet the audience.*
- *Refer to Robertson and present your own view.*
- *Bring forth arguments supporting your view, e. g.:*
  - *Dangers of unrestricted use of mobile technology*
  - *Influence of peers*
  - *Media literacy, which does not come automatically with this technology*
  - *Negative effects on family life*
- *Draw on your own experience to provide examples, e. g.:*
  - *Accidents you have witnessed*
  - *Children who do not take part in family conversations*
- *Come to a conclusion in which you:*
  - *Point out the most important aspects*
  - *Appeal to the audience*

Good afternoon, ladies and gentlemen, dear fellow speakers,

We are here today to talk about Smartphone Zombies and I am glad to be able to present the view of a concerned parent, who is not as optimistic – or should I rather say as naïve – as some of the preceding speakers.
The other day I read an article in *The Independent* entitled "Smartphone zombies are taking over our pavements. Am I the only person to think that's a good thing?" written by Douglas Robertson. In his article, Robertson claims that young people "stand a much better chance of having a healthy relationship with tech than we do" because they grow up with mobile technology.
I have to admit, I doubt this assessment very strongly. Unfortunately media competence does not come automatically with this technology. That's why many children and teenagers use this technology carelessly and uncritically. They need the support of grown-ups who can enlighten them on the risks and dangers and also to restrict their use. If I did not insist on mobiles being turned off from 8 pm to 7 am, my two kids would still be online at midnight.
Believe me, we have had heated discussions about this rule because even with just 11 hours offline, my kids face considerable peer pressure. They are wound up when they cannot be reached at night, because they "live under a rock" and yes, they risk becoming a "social pariah" as Robertson calls it. Unfortunately, he does not seem to take this risk seriously.
There are even worse dangers but, again Robertson makes fun of them claiming fatal traffic accidents are merely "natural selection". Obviously, he has never mourned a child, hit by a car whose driver was more interested in the messages on his mobile than in the world around him. I was at such a funeral last year and believe me, the parents of this 12-year-old child are still devastated.
What it all boils down to is the following: We certainly have to include mobile technology in our lives because the technology won't go away and it can be very helpful. But we should not leave our kids to deal with it on their own. We need to take responsility and educate them, even if that means that our children keep nagging and calling us old fools. That is our job as parents, so I urge you to take it seriously.
(402 words)

Teil B: Sprachmittlung (isoliert)

4. *In dieser Sprachmittlungsaufgabe soll ein Artikel für eine britische Schülerzeitung erstellt werden, in dem inhaltlich auf den Ausgangstext, ebenfalls ein Zeitungsartikel, zurückgegriffen wird. Aus dem vorliegenden Zeitungsartikel soll entnommen werden, wie die neuen Medien die Sprache von deutschen Jugendlichen verändern und wie die Reaktionen auf diese Entwicklung aussehen. Die Sprache ist dem Adressaten (vornehmlich britische Schülerinnen und Schüler) anzupassen und daher eher alltagssprachlich.*
   - *Die deutsche Sprache verändert sich durch die neuen Medien:*
     - *Es wird geschrieben, wie gesprochen.*
     - *Sätze und Wörter sind häufig unvollständig, Präpositionen und Pronomen fallen weg.*
     - *Rechtschreibung und Grammatik werden vernachlässigt.*
     - *Hinzu kommen neue Wörter um Emotionen auszudrücken.*
   - *Menschen, denen die Reinheit der Sprache am Herzen liegt, fürchten um die deutsche Sprache:*
     - *Junge Leute lernen kein korrektes Deutsch mehr.*
   - *Andere Wissenschaftler sind weniger besorgt:*
     - *Jugendliche können unterscheiden, ob sie twittern oder einen Schulaufsatz schreiben.*
     - *Die Schreibkompetenz wird nicht geringer, sondern breiter, da es keine einheitliche Sprache im Web gibt.*
     - *Dies wird durch eine Studie aus der Schweiz belegt.*

Young people know the difference

Obviously the German language develops due to the influence of mobile technology. A German journalist describes these changes and different reactions to them. Due to online communication, German youth tends to write the way they speak, using incomplete words and sentences. By contrast, they add newly created words to express their emotions. Grammar and spelling do not really play an important role when communicating online.

According to the German journalist, reactions to this development are varied. Those who want to defend the German language are worried because they claim that young people do not learn their mother tongue properly any longer. They argue that youngsters use web language before they have truly learned to speak and write their mother tongue correctly.

Other scientists are less concerned. They believe that young people can make a difference between communicating online and writing a school essay. A Swiss study even proves that the ability to write does not decrease but gets broader because there is not one specific web language. People use a different style in an email than in a chat, for example. *(186 words)*

Abiturprüfung NRW – Englisch 2018
Grundkurs: Aufgabe 1

Teil A: Leseverstehen und Schreiben (integriert) Inhalt 42 P. / Sprache 63 P.

Aufgabenstellung

		Punkte
1.	Describe the situation Manny finds himself in, his plan and his motivation. *(Comprehension)*	12
2.	Analyse the way Manny's situation is presented. Focus on point of view and use of language. *(Analysis)*	16
3.	Choose **one** of the following tasks:	14
3.1	Comment on Manny's view of the United States. Refer to the text and work done in class. *(Evaluation: comment)*	
3.2	Write a letter to Gary Paulsen, the author of the novel, in which you reflect on the effect the extract from his novel has on your view on Trump's plan to build a wall between the US and Mexico. Refer to the extract and work done in class. *(Evaluation: re-creation of text)*	

Text:
Gary Paulsen, *The Crossing*

This is the beginning of the novel.

Manny Bustos awakened when the sun cooked the cardboard over his head and heated the box he was sleeping in until even a lizard could not have taken it, and he knew, suddenly, that it was time. This was the day. He would make the crossing today.

Juárez, Mexico, was never quiet. As a border town it was made of noise – noise that filled all the hours of the day – but the noises changed, and he listened to them now without thinking.

Honking horns, the market starting to fill with people trying to get fresh goat cheese or the thick coffee, people yelling insults and curses at each other – a hum of noise. Mornings were the best time, not a good time – there were no good times for him – but the best. He lived on the street, moving, always moving because he was fourteen and had red hair and large brown eyes with long lashes, and there was danger if he did not move – danger from the men who would take him and sell him to those who wanted to buy fourteen-year-old street boys with red hair and long eyelashes.

So now he rolled out when the sun warmed the cardboard of his lean-to, wiped his mouth with a finger, and stood to begin moving for the day. Another day in Juárez. But this time it was different. […] This day he would cross to the north to the United

States and find work, become a man, make money, and wear a leather belt with a large buckle and a straw hat with a feathered hatband.

Hunger was instant, had never gone. He went to bed hungry, slept hungry, awakened hungry […].

"Later in this day I will be leaving," he said, lowering his voice as he thought a man would speak. "It is time for me to be crossing to the north and finding work."

[Old Maria] studied him through the screen. A dozen flies worked to get in, making a high buzzing sound that somehow matched the talking sounds of the café in front. "You are too young to make the crossing."

Manny shrugged. "It is not age. I am ready to make the crossing and so it is time. Age does not matter." "But you are small." "I am not so small." He bridled. "I have strength and I am fast and I know how to work hard. That is all that is required to cross to the north. They only wish you to work hard."

She sighed. *(419 words)*

Gary Paulsen, The Crossing, New York: Bantam Doubleday Dell Publishing Group 1987, pp. 3–9

Annotations

l. 14 *lean-to: here:* improvised shelter
l. 23 *Old Maria:* a woman making and selling tortillas in a simple place to eat
l. 23 *screen: here:* transparent curtain used to protect against heat or insects

Teil B: Sprachmittlung (isoliert) — Inhalt 18 P. / Sprache 27 P.

Aufgabenstellung

4. Your American friend is doing a school project on *Underage Refugees in Europe* and has asked you for information.
   Write him/her an email in which you summarize what D. Betzholz says about the situation of underage refugees in Germany and the problems they face. *(Mediation)* 18

Text:
Dennis Betzholz, *Die Tragödie der Kinder-Flüchtlinge*

1 Noch 2010 nahmen deutsche Kommunen 2 822 minderjährige Flüchtlinge in Obhut, die ohne Begleitung aufgegriffen wurden. 2013 waren es bereits 6 584 – eine Steigerung von rund 133 Prozent.

Ulrike Schwarz, Referentin beim „Bundesfachverband Unbegleitete Minderjährige Flüchtlinge" in Berlin, kennt die Schicksale hinter den Zahlen. „Entweder werden die Kinder auf der Flucht von ihren Eltern getrennt", sagt Schwarz. „Oder die Familie kratzt ihre Ersparnisse zusammen und schickt sie ganz bewusst alleine los, damit wenigstens die Töchter und Söhne aus dem Krisengebiet rauskommen und die Chance auf eine bessere Zukunft haben.“ Schlepper, gefälschte Papiere, die Fahrt übers Mittelmeer kosten viel Geld – von Afghanistan nach Italien bis zu 10 000 Euro pro Person.

Kinder, Jugendliche allein auf dem weiten Weg nach Europa „UMF“, unbegleitete minderjährige Flüchtlinge, werden sie genannt. Schätzungsweise rund 18 000 leben derzeit in Deutschland; zwei Drittel sind Jungen. Die meisten von ihnen kommen aus Afghanistan, Syrien, Somalia und Eritrea. [...]

Franz Joseph Preisleder weiß, was passieren kann, wenn sie, die aus dem Krieg kommen, keinen Frieden finden. Er ist Ärztlicher Direktor des Heckscher-Klinikums für Kinder- und Jugendpsychiatrie in München und Oberbayern, der größten Einrichtung dieser Art in Deutschland. Zu ihm bringen Polizisten und Sozialarbeiter Jugendliche aus den umliegenden Flüchtlingsunterkünften, die auffällig werden oder die sie nicht mehr unter Kontrolle haben. Seit Januar nahm Preisleder bereits 30 unbegleitete minderjährige Flüchtlinge auf seiner Station in München auf. So viele wie im gesamten Jahr 2012. Für dieses Jahr rechnet er mit mindestens 120 Fällen. Jugendliche, die aggressiv werden, um sich schlagen oder in Angstzustände verfallen. [...]

„Sie haben ein Maß an Gewalt erlebt, dass wir uns nicht vorstellen können.“ Auf der Flucht hätten sie gelernt, dass nur die Starken durchkommen, erklärt der Arzt. Da sei es nicht verwunderlich, dass sich Aggressionen aufstauten. „In denen brodelt es“, sagt Freisleder. Es käme jedoch nur selten vor, dass Jugendliche wegen gewalttätigen Ausfällen zu ihm in die Klinik kämen. Die meisten seien depressiv und selbstmordgefährdet. Viele sorgten sich sehr um ihre Familien. *(323 Wörter)*

Dennis Betzholz: Die Tragödie der Kinder-Flüchtlinge, https://www.welt.de/vermischtes/article139802318/Die-Tragoedie-der-Kinder-Fluechtlinge.html, 20. 04. 2015

Lösungsvorschläge

Teil A: Leseverstehen und Schreiben (integriert)

1. *Read the text several times and find out what you can learn about the main character's situation, his plan and his motivation.*
   - *situation*
     - *homeless street boy who lives in Juárez, Mexico (on the border to the USA)*
     - *alone*
     - *hungry*
     - *afraid of abuse*
   - *plan*
     - *cross the border to the USA that day*
     - *work hard and earn money there to have a better life*
   - *motivation*
     - *belief in his own strength*
     - *belief that all he needs in the USA is his strength and his willingness and ability to work hard*
     - *improve his living conditions*

   The beginning of the novel *The Crossing* written by Gary Paulsen and published in 1987 is about a fourteen-year-old Mexican boy called Manny Bustos.
   Manny is homeless and lives alone on the streets of the border town Juárez, Mexico. He always goes hungry and is afraid of being abducted and abused. His poor and dangerous living conditions drive him to seek a better future in the USA. Therefore, he plans to cross the border to the USA that very day. He is convinced that all he needs to lead a better and safer life in the United States is his strength and his ability to work hard. *(107 words)*

2. *Here you have to analyse how Manny's situation is presented and what effect this presentation has on you as a reader. To do so, you need to take into account the narrative perspective. That means you have to ask yourself who tells the story and through whose eyes you see the story. This influences how much information you get and whether this information is rather subjective or objective and ultimately it determines who you identify or sympathise with.*
   You are also asked to focus on the use of language. So, you should watch out for the choice of words, stylistic devices and also sentence structures. Again, you must explain what effect this has.
   - *The presentation emphasises the hopeless situation.*
     - *repetition of words like "noise" (ll. 4/5, 8), "hungry" (ll. 19/20), "danger" (ll. 11/12) and "moving" (ll. 10, 15) → create a negative atmosphere*
     - *detailed description of his situation (ll. e. g. ll. 1–8) and his good looks (ll. 11) → stresses his vulnerability*

- *further underlined by imagery, e. g. "the sun cooked the cardboard [...] until even a lizard could not have taken it" (ll. 1/2)*
- *interjection "there were no good times for him" (l. 9)*

– *Manny's plan appears to be naïve.*
- *third-person narrator with a limited point of view → gives insight into his way of thinking, e. g. ll. 16–18)*
- *parallel sentence structure (e. g. ll. 25–29) → emphasizes the simplicity of his plan*
- *contrasted with the view of an old and therefore more experienced woman, cf. ll. 25, 27, 30 → underlines his lack of concern*

– *Conclusion: invite the reader to empathise with Manny, to feel sorry for him*

The way the main character's situation is presented at the beginning of the novel leads the reader to feel sorry for Manny because his situation seems to be hopeless and his plan for improvement rather naïve. This impression is created by the use of language and the choice of narrator and point of view.
The novel starts with a very detailed description of Manny's living conditions. Here the narrator also uses imagery to stress how uncomfortable these conditions are. The "sun cooked the cardboard" (l. 1) under which Manny sleeps to a degree that "even a lizard could not have taken it" (l. 2). Furthermore, many words that create a negative atmosphere are repeated several times. There is a lot of "noise" (ll. 4, 5 and 8), Manny constantly goes "hungry" (ll. 19/20) and he has to keep on "moving" (ll. 10, 15) because he is in "danger" (ll. 11/12). Manny's vulnerability is further emphasized by a detailed description of his good looks, which put him at risk of being abducted and abused (cf. ll. 10–13). An interjection which the narrator makes, "there were no good times for [Manny]" (l. 9), summarizes his sorry situation and stresses its hopelessness.
Accordingly, Manny has a plan. The reader learns about this plan from the third-person narrator, who tells the story from Manny's point of view. Thus, the reader learns what the character knows (cf. ll. 2/3) and thinks (cf. ll. 21/22) and realizes that this plan is a very basic and naïve one. Manny intends to "cross to the north to the United States and find work, become a man, make money, and wear a leather belt with a large buckle and a straw hat with a feathered hatband" (ll. 16–18). The parallel sentence structure as well as the simplistic and stereotypical image of an American underline the simplicity of his plan. Manny obviously has not thought too deeply about the plan and his knowledge of what might await him in the USA is very limited. This becomes even more apparent when an old, and therefore probably experienced woman called Maria, warns him. She points out that he is "too young to make the crossing" (l. 25) and too "small" (l. 27). Manny's replies seem quite obstinate because he does not see sense. "It is not age. I am ready to make the crossing and so it is time. Age does not matter" (ll. 26/27). Again, the sentences employed are simple (cf. ll. 26–29) to underline his lack of concern.
Ultimately, the readers get a very subjective but vivid view of Manny's situation. As a consequence, they feel sorry for Manny because his situation is deplorable, and his plan is doomed to fail. *(463 words)*

3.1 *You are asked to state your opinion on Manny's view on the USA. Your opinion needs to be based both on what you learn in the text at hand and on your knowledge about the living and working conditions, especially of illegal Mexican immigrants, in the USA. Comparing these two aspects you should assess whether Manny's view is realistic or not.*

- *Manny's view: stereotypical perception of the American Dream*
  - *If you work hard, you prosper. → core idea of the American Dream*
  - *He sees no obstacles, e. g. his age, his strength, his vulnerability.*
- *Reality*
  - *Mexican immigrants are officially not wanted.*
  - *President Trump plans to build a wall to keep them out.*
  - *Illegal Mexican immigrants are cheap labour, e. g. on farms or in hotels.*
  - *Without education and language skills, it is hard to climb the social ladder.*
  - *If you don't make it, it is your own fault. → no support for Manny expected*
- *Conclusion: dream and reality clash → Manny will be disappointed*

Manny, who is just fourteen years old and, from what one can guess from his living conditions, is probably uneducated, and has a very naïve view of the United States. He believes in the American Dream unconditionally.

He is convinced that in the US, he will "find work, become a man, make money, and wear a leather belt with a large buckle and a straw hat with a feathered hatband" (ll. 17/18). According to him, he only needs his strength and work ethics because in the USA, they "only wish you to work hard" (l. 29). Mostly, his ideas reflect one of the core ideas of the American Dream: if you work hard, you prosper. However, he does not take into account that this phrase also implies that if you fail, it is your own fault. There is no noteworthy welfare system that will support him, if he fails because individualism is another important aspect of the American Dream. Additionally, he would be an illegal immigrant and their situation is even worse. Obviously, there is no agency that supports them. Working conditions are hard because illegal immigrants have no rights and no power to negotiate their wages.

As I said in the beginning, Manny believes in this dream unconditionally. He does not consider his own conditions and limitations: he is young, uneducated, probably does not speak English and only has little work experience, if any at all. These conditions make the fulfilment of his dream very unrealistic. Under Donald Trump's presidency Mexican immigrants, especially illegal ones, are not welcome in the USA. He even wants to build a wall to fence them off. As a consequence, border patrol is very strict and most probably Manny will not even make it to the USA. Presuming that he does, it will be hard for him, being a child, to find work. More probably, he will continue to live on the streets and his good looks will make him as vulnerable there as in Mexico.

All in all, Manny appears to be a young dreamer who sets all his hopes in a concept he possibly has heard of again and again: the American Dream. However, it is highly unlikely that he will be able to change his situation there if he makes it there at all. *(384 words)*

3.2 *In this task you have to write a letter to the novel's author. This means that you should consider the criteria of a formal letter, e. g. use rather formal English and provide an appropriate beginning and ending.*
Before starting your letter, you should reconsider your results from assignment number 2 because your reaction to the extract is asked for. You need to see for yourself how this extract influences your view on the wall that Donald Trump plans to have built between Mexico and the USA. Then start by explaining to the author why you are writing this letter. Consider the consequences this wall would have on people like Manny but also on the USA. Finally come to a conclusion. You might also want to ask the author to take some action.

- *Address the author by his name: Dear Mr Paulsen*
- *opening paragraph*
  - *Present yourself.*
  - *Refer to the extracts.*
  - *Explain why you are writing.*
- *main part: your view on the wall*
  - *consequences for Mexicans, like Manny: immigration becomes more difficult → more dangerous, more expensive*
  - *consequences for the USA, e. g. lack of cheap labour, their national identity as a country of immigrants*
- *ending: one or more of the following*
  - *Draw a conclusion.*
  - *Ask the author/Americans to act in a certain way.*
  - *Present ideas how the situation might develop in the future.*

Dear Mr Paulsen,

My name is Joshua and I am a seventeen-year-old student from Germany. In class, I read part of your novel *The Crossing* and it has moved me deeply, especially as we also discussed Donald Trump's plan to build a wall between Mexico and the USA to prevent illegal immigration. In this letter, I would like to share my thoughts with you, hoping that you might be interested to learn how your novel is perceived over here.
At the beginning of the novel, Manny's view struck me as quite naïve. Of course, it is completely understandable considering his age and living conditions. I really felt sorry for this lonely and hungry boy whose only intention is to "find work, become a man, make money, and wear a leather belt with a large buckle and a straw hat with a feathered hatband". On the one hand, he seems so innocent, on the other hand, he knows about the dangers lurking in the streets.
The image of the flies which are working to get through the screen at old Maria's café made me think of the many Mexicans who are desperately trying to get to the US and I could not but think of Donald Trump's plan to build his wall. This has been widely covered in the media here in Germany. You most certainly know that we have a very special relationship with walls keeping people from travelling where they want to. For people like Manny, this wall is a catastrophe. It is hard enough for them to cross the border right now. A wall would make the journey

even more dangerous and more expensive. Smugglers would probably find other ways, more expensive ones, of taking people over the border anyway. But the wall also has its drawbacks for the United States. The USA also profits from these illegal immigrants. They are cheap labour for example on farms and in the hospitality industry. They often do jobs Americans do not want to do, at least not for such low wages.
What is more, the United States has always been a country of immigrants and we all can see how successful you have been with this policy. America still is one of the richest and most powerful countries in the world. On the other hand, I can partly understand the idea that only those immigrants who the country can profit from should be allowed to enter and stay. In Germany the discussion is not that different. I also see that some kind of regulation is needed to maintain stability. But building a wall cannot be the solution. It is inhumane and would gravely harm America's image in the world. After all, we live in a globalised world and there, walls make no sense.
Dear Mr Paulsen, having read your novel I assume that you share my point of view at least to some extent. Therefore, I hope that you and other writers and intellectuals in America will stand up to President Trump and his plans. Your voices will be heard, if not by the president himself, then by the people in the USA and abroad. That might change something in the long run.
Thank you for taking the time to read my letter.

Yours sincerely,
Joshua Steinfeld *(547 words)*

Teil B: Sprachmittlung (isoliert)

4. *In der Sprachmittlungsaufgabe müssen Sie eine E-Mail an einen amerikanischen Freund bzw. eine Freundin verfassen, in der Sie formulieren, was Sie in dem vorgelegten Artikel über minderjährige Flüchtlinge in Deutschland erfahren. Der Stil ist dementsprechend relativ umgangssprachlich, abgesehen von dem thematischen Vokabular. Beachten Sie außerdem die typischen Merkmale einer E-Mail. Auf inhaltlicher Ebene müssen Sie auf die Situation der minderjährigen Flüchtlinge eingehen sowie auf deren Probleme. Bei den Problemen sollten sie auch deren Ursachen benennen.*
   - *informelle Anrede*
   - *einleitender Satz*
   - *Bezug zum Anliegen des Freundes/der Freundin*
   - *Situation der minderjährigen Flüchtlinge in Deutschland*
     - *unbegleitet, entweder auf der Flucht getrennt oder alleine geschickt in der Hoffnung auf ein besseres Leben*
     - *steigende Zahl*
     - *überwiegend Jungen*

- *überwiegend aus Krisengebieten in Ostafrika (Somalia, Eritrea), Afghanistan, Syrien*

– *Probleme und deren Ursachen*
  - *Angst*
  - *Depression, Selbstmordgefahr*
  - *Aggression*
  - *unglaubliche Gewalterfahrungen auf der Flucht*
  - *Erfahrung, dass nur die Starken durchkommen*
  - *Sorge um die eigene Familie*

– *Abschluss und Grußformel*

Dear Carlos,

Thank you for your mail. It's always great to hear from you. Just like you, I'm busy with school but of course I'd be glad to help you with your project. Underage refugees certainly are a topic under discussion in Germany and so I had no difficulty finding an article with some information that might interest you.
The number of underage refugees who come to Germany without an accompanying adult has dramatically increased. Mostly they are boys and they have either been separated from their parents while fleeing or they were sent here on their own because fleeing is expensive. Their parents hope that their children will have a better future outside their own country because these refugees mostly come from crisis areas like Afghanistan, Syria or East Africa.
On their journey they experienced terrible brutalities. They have learned that only the toughest ones can make it. As a consequence, some become aggressive or are terribly scared. Many are depressed and suicidal. This is made even worse when they also have to worry about their family.
You see, life is really hard for these underage refugees. Still, I hope you can use these sorry facts for your project. Let me know what you make of it. Maybe you can send me some photos or your presentation.
Take care and have a good time.

Yours,
Joshua *(227 words)*

Abiturprüfung NRW – Englisch 2018
Grundkurs: Aufgabe 2

Teil A: Leseverstehen und Schreiben (integriert) Inhalt 42 P. / Sprache 63 P.

Aufgabenstellung

		Punkte
1.	Outline the risk and benefits of artificial intelligence (AI) as depicted by Ray Kurzweil. *(Comprehension)*	12
2.	Analyse how Kurzweil tries to convince the reader of his attitude towards AI. Focus on line of argument and use of language. *(Analysis)*	16
3.	Choose **one** of the following tasks:	14
3.1	Comment on Kurzweil's views as expressed in the following statement: "We have the opportunity in the decades ahead to make major strides in addressing the grand challenges of humanity. AI will be the pivotal technology in achieving this progress". Refer to the text and work done in class on visions of the future. *(Evaluation: comment)*	
3.2	You take part in an international youth conference on *Science and Fiction.* Write an opening statement in which you assess the relevance of utopian and dystopian fiction in times of ever-accelerating scientific and technological progress. Refer to the article at hand and work done in class on utopian and dystopian visions of the future. *(Evaluation: re-creation of text)*	

Text:
Ray Kurzweil, *Don't Fear Artificial Intelligence*

Hinweis: *Aus urheberrechtlichen Gründen, ist die Textgrundlage dieser Prüfungsaufgabe nicht enthalten. Sie finden die ungekürzte Version des Ausgangstextes hier: http://time.com/3641921/don't-fear-artificial-intelligence (Zugriff 10. 8. 2018) Beachten Sie, dass in der Prüfung die Absätze 4 sowie 6 bis 8 nicht enthalten waren.*

Annotations

paragraph 1 *Stephen Hawking:* *1942, † 2018
paragraph 2 *civil-defense drills: here:* training the population to protect themselves from the effects of nuclear catastrophes
paragraph 5 *recombinant DNA:* genetically engineered DNA usually from more than one species
paragraph 9 *providing Hawking's voice:* Stephen Hawking lost his ability to speak because of a disease of the nervous system; to communicate he used a computer-based system that transformed movements of his cheek into audible speech.

Teil B: Sprachmittlung (isoliert) Inhalt 18 P. / Sprache 27 P.

Aufgabenstellung

4. Your American friend is working on a presentation on *The Use of Robots in the World of Work*. She/He has asked you about the use of robots in German companies. Write an email to your friend in which you explain what Varinia Bernau says about their use, limits and potential. *(Mediatio* 18

Text:
Varinia Bernau, ***Der nimmermüde Mitarbeiter***

Sawyer ist nicht nur belastbar und wendig, zuverlässig und teamfähig. Er ist auch wissbegierig. Er beobachtet, was um ihn herum passiert – und lernt dazu. Der Roboter mit rotem Greifarm und Kameraauge wurde in den Laboren des US-Unternehmens Rethink Robotics entwickelt. Seit Sommer arbeitet er bei der Deutschen Post zur Probe und stellt sich dabei ganz gut an.

In der deutschen Industrie sind vergleichsweise viele Roboter im Einsatz. Rein rechnerisch kommen hierzulande auf eine Belegschaft von 10 000 Menschen etwa 292 Maschinen, wie eine Erhebung der International Federation of Robotics aus dem vergangenen Jahr zeigt. Höher ist die Dichte nur noch in Japan und Südkorea, in den USA hingegen ist sie gerade einmal halb so hoch.

[…] In drei Bereichen, so waren sich bislang Ökonomen wie Techniker einig, ist der Mensch nämlich besser als die Maschine: Dort, wo es auf Empathie ankommt, in Krankenhäusern, Schulen oder Pflegeheimen also. Dort, wo Kreativität gefordert ist: in Architekturbüros, Ateliers oder Opernhäusern. Und schließlich in sehr komplexen Situationen, die ein Kellner oder ein Förster genauso meistern muss wie ein Lagerarbeiter, der etwa bei der Deutschen Post Pakete bestückt. Das menschliche Auge erkennt das Buch, das sich in dem metallenen Regal spiegelt, ebenso einfach wie die durchsichtige Wasserflasche. Die menschliche Hand weiß auch intuitiv, dass sie eine Hantel anders anpacken muss als ein Handtuch. Einer Maschine muss all das mühsam beigebracht werden. […]

Doch der Einsatz von Sawyer zeigt den rasanten technologischen Fortschritt. Auch in komplexen Situationen, also in einer Umgebung, die unübersichtlich und voller Überraschungen ist, behaupten sich Roboter immer besser. So ließ etwa im Oktober vergangenen Jahres Daimler den ersten selbstfahrenden Lkw über die A8 rollen. Ein Mensch war nur noch mit an Bord, weil das so vorgeschrieben ist. Aber bei Daimler war man sich sicher, dass der Roboter der bessere Steuermann ist. Er wird nie abgelenkt, er wird nie müde – und bietet damit mehr Sicherheit. Zudem sinke der Spritverbrauch, weil er gleichmäßiger und damit effizienter fahre. *(322 Wörter)*

Varinia Bernau: Der nimmermüde Mitarbeiter, http://www.sueddeutsche.de/wirtschaft/digitalisierung-der-nimmermuede-mitarbeiter-1.3299592, 18. 12. 2016

Lösungsvorschläge

Teil A: Leseverstehen und Schreiben (integriert)

1. *In this task you need to outline which dangers and advantages the author mentions when discussing artificial intelligence. As the author uses other technologies to illustrate his view, it is important that you limit yourself to the aspects concerning AI.*
   - *dangers*
     - *according to other scientists: AI becomes an existential threat when it exceeds the intelligence of human beings*
   - *advantages*
     - *AI improves the intellectual competencies of people: people have better access to information, better education for everyone*
     - *enables medical and technological progress, e. g. protection of the environment or use of green energy*
     - *helps to solve major problems mankind is facing*

   In his article "Don't fear artificial intelligence" published in *Time* on 19 December 2014, Ray Kurzweil presents some possible dangers but mainly advantages of artificial intelligence.
   When describing its risks, he refers to two scientists who claim that AI may become an existential threat to mankind when it starts to exceed the intelligence of human beings.
   On the other hand, the author points out that AI improves the intellectual competencies of people by providing better access to information and better education. Furthermore, he mentions that AI enables medical and technological progress. Therefore, Kurzweil comes to the conclusion that AI can help to solve major problems mankind is facing. *(108 words)*

2. *Here you need to analyse how the author wants to persuade the reader of his view. You are asked to take into account his line of argument and his use of language. Start by pointing out Kurzweil's view. Then examine the content and function of each paragraph. This will help you to analyse his line of argument.*
   When looking at language, you should consider aspects like choice of words as well as stylistic and rhetorical devices. Remember to explain the effects the line of argument and the use of language have.
   Please note: The paragraphs refer to the abridged version of the text.
   - *Kurzweil's view: artificial intelligence is decisive for solving mankind's most urgent problems*
   - *Line of argument → to lend weight to his view*
     - *Opening paragraph: refers to scientists who claim that AI is a threat; no further explanation or examples what that threat might be.*

- *Second paragraph: AI is compared to other threats which were once considered existential; a generalization shows that all progress has its advantages and disadvantages → contradicts views of scientists mentioned in the beginning*
- *Third paragraph: threats presented in science fiction are contrasted to reality, which is less threatening → reassure the reader*
- *Fourth paragraph: explains how to make AI safe and shows that it has worked with other technologies → reassure the reader*
- *Fifth paragraph: enumerates the advantages of AI → leaves the reader hopeful; AI seems to be the best solution to society's problems; last sentence sums up his view to reassure the reader.*

– *Use of language → to stress his positive view on AI*
  - *direct address to include the reader: imperative in the headline, use of the pronouns "we", "us" and the determiner "our"*
  - *choice of words, e. g. "specters" → threat is unreal; "advancing", "clean energy", "helping to clean up", "safe", "promise" words with a positive connotation to underline the benefits of AI*
  - *metaphorical language, e. g. "double-edged sword" → progress always has its advantages and disadvantages; "a myriad of" → can be helpful in many different ways; "pivotal" → very important*
  - *enumeration → names seven positive effects AI will have*

Ray Kurzweil is convinced that AI plays a decisive role in solving mankind's most urgent problems and that mankind therefore is obliged to use it. To convince the reader of his opinion he employs a very conclusive line of argument and uses vivid language to stress his very positive view.

Kurzweil's line of argument lends weight to his judgement because he starts by dealing with possible counter arguments and finishes off in a very positive tone. In the opening paragraph, Kurzweil refers to well-known scientists who claim that AI can turn into a threat. He goes on to compare this supposed danger to other threats which were once considered existential and then generalizes that all progress has its advantages and disadvantages. Thus, he disarms the views of the scientists mentioned in the beginning. He does not give any explanation or examples of what the actual risks of AI might be, thus the idea of "an existential threat" remains very vague and therefore does not really seem threatening to the reader.

In the third paragraph, the threats presented in science fiction are contrasted to reality, which is described as less threatening to reassure the reader. In the following paragraph, he explains how to make AI safe and shows that other technologies have been safely used, too. Again, he aims to reassure the reader. Finally, Kurzweil enumerates the advantages of AI and thus leaves the readers hopeful as AI seems to be the best solution to society's problems. In his last sentence he sums up his view as a final reassurance to the reader that AI, like many other innovations before, will be used to mankind's advantage.

The journalist also uses language to stress his positive view on AI. He employs direct address to include the reader in his line of argument. For example, there is an imperative in the headline asking the reader straight away not to "fear artificial intelligence". He also uses first person plural pronouns and determiners ("we", "us", "our") repeatedly.
Kurzweil's choice of words is interesting, too. When talking about possible threats, he uses the word "specters" to point out that a threat is unreal, like a ghost. When talking about the benefits of AI, he employs many words with a positive connotation to underline these benefits, e. g. "enhanced", "advancing", "cures", "high-quality", "promise".
Furthermore, he makes use of metaphorical language to create a more vivid impression. For instance, he compares technology to a "double-edged sword" to show that while progress always has its upsides and its downsides, it is manageable on the whole. On the other hand, he points out that AI can help in "a myriad of [...] ways" to improve our existence and is even considered "pivotal" to solve dire problems. In the last paragraph, Kurzweil uses enumeration to list seven positive effects AI will supposedly have and even claims it is a "moral imperative to realize this promise" putting pressure on the reader not to stand in progress' way.
All in all, Kurzweil uses both his line of argument and language to put heavy emphasis on the benefits of AI and to diminish possible drawbacks. *(521 words)*

3.1 *Here you are asked to state your view on a quote from the article. To start with you should refer to that quote and explain it in your own words. Then you have to come up with several arguments either supporting or contradicting Kurzweil's view. It is always a good idea to present arguments for both sides, trying to disarm those arguments that might possibly challenge your personal view. Finally, you should point out what conclusion your line of argument leads to.*

- *The given quote underlines the importance of AI for the huge problems mankind is facing.*
- *many ways in which AI can be used*
- *possible arguments*
  - *global warming: so far, the goal to reduce global warming has not been reached, AI might provide solutions*
  - *radical changes in the world of work: AI reduces numbers of workers needed, e. g. for producing cars; however, more skilled workers will be needed, e. g. to develop AI further or maintain robots/machines*
  - *ethical questions that come with the use of AI need to be discussed, e. g. how to deal with unskilled workers; how far to develop AI*
  - *robots are programmed to learn, to adapt → can we really control them?*
  - *There might also be major challenges where AI will not be able to help, e. g. migration due to civil war or the effects of climate change → we cannot rely on AI exclusively*
- *Conclusion: make your point clear referring to the arguments mentioned before*

In his article Kurzweil claims that we “have the opportunity in the decades ahead to make major strides in addressing the grand challenges of humanity”. He is convinced that “AI will be the pivotal technology in achieving this progress”. These quotes underline very clearly the importance that the author attaches to AI when it comes to solving the huge problems mankind is currently facing. As he also points out that AI, like any other technology is “a double-edged sword”, I agree with Kurzweil whole-heartedly.

One of the major challenges we are facing is certainly global warming. So far it seems that the goals that governments have agreed on will not be achieved. AI can surely be used to help us save energy and reduce pollution. Modern technology can make production more efficient. It can help to run vehicles and machines more efficiently and also to create smart cities which aim at a more sustainable use of natural resources. Despite this help, climate change will probably not be stopped but maybe AI can also help us to adapt to these changes.

On the other hand, AI also poses major challenges. If one considers the changes in the world of work, this becomes apparent. Due to the development of intelligent machines and robots, less and less unskilled workers are needed. It is definitely an important task to come up with ideas about what to do with these workers, who will not be needed any longer. Can we really qualify them all to do skilled jobs? What skilled jobs will remain? How will people be able to make a living if they are not needed in the job market any longer? What is man’s aim in life if life is no longer dominated by work? This goes to show that there are very practical but also ethical questions connected to the advancement of AI.

Kurzweil does not mention major problems which might not be solved by the help of AI though there certainly are some. Take for example the migration process we have seen in recent years. Partly this wave of migration is caused by economic problems which again may be linked to global warming. So, in the long-run AI might help to solve this problem. But partly migration is also caused by war, for example migration from Syria or Iraq. This challenge, to my mind, cannot be solved by AI.

Another important question is how far AI should be allowed to develop. Stephen Hawking’s concern that AI might pose a threat to mankind once it becomes more intelligent than us seems plausible to me. I can very well imagine that dystopian visions of robots which decide for themselves and take over power could become a reality. Efficient measures to control them should be developed, too.

To come to a conclusion, one can say that AI can be used intelligently to face a number of important challenges. Therefore, I support Kurzweil’s assessment that we “have a moral imperative to realize [AI’s] promise while controlling the peril”. Additionally, we also have to face those problems which cannot be solved or are even increased by technological progress. *(522 words)*

3.2 *In this task you have to write a short speech in which you address a young and international public at a conference. Therefore, you may use spoken language, which should, however, still be moderately formal. In your introduction you need to set the topic, which is the relevance of utopian and dystopian fiction today. The underlying question is whether this kind of literature still makes sense when scientific and technological progress is proceeding faster and faster. In the main part you need to present your arguments, if possible supported by examples from your work in class. Finally, you need to come to a conclusion.*

- *Welcome the audience.*
- *Set the topic: the relevance of utopian and dystopian fiction today.*
- *possible arguments*
  - *dystopian literature warns of possible problems → sets people thinking, e. g.* Brave New World, Nineteen Eighty-Four, The Hunted, The Hunger Games
  - *due to the ever-accelerating progress, this kind of literature can seem to be out-dated very quickly*
  - *utopia (Greek: "no place") by definition is a place which does not exist and most probably will never exist → can still provide us with ideas what to improve*
- *Conclusion: state if you think that this kind of literature still makes sense or not. Refer back to the arguments mentioned beforehand.*
- *End by thanking your audience for their attention.*

Dear guests,

I'm very glad to be given the opportunity to open this conference on Science and Fiction. Science fiction is a genre, which – both in film and in literature – is widely consumed by our generation. It is probably safe to assume that most of you have seen or read *The Hunger Games*. Maybe you have even discussed some utopian or dystopian texts in school. However, one may very well ask if this genre is still relevant. Scientific and technological progress is advancing so fast, that a novel or film might very quickly seem to be outdated.

The function of dystopian literature is not only to entertain, but to warn us of current developments in our society which might cause major problems in the future. Thus, it wants to make us suspicious of developments taken too far. Take the novel *Brave New World* by Aldous Huxley as an example. Huxley creates a world in which designer babies have become the norm. However, these babies are designed to fit into a certain class, so not all are given the same potential. Quite the opposite is true. Some are kept behind to prepare them for menial work. Part of Huxley's vision has become true. Genetic engineering has made huge progress since his novel appeared in almost a century ago. Still, I would not consider it outdated, quite the opposite in fact is true. The warning that this technology must be used with care has even become more urgent.

The same is true for another well-known dystopian novel, *Nineteen Eighty-Four* by George Orwell. Though written in 1948 it is still often quoted when discussing the disadvantages of modern technology. Even though Orwell did not foresee smartphones, his warning that we may be watched every minute of our life, is still

true. This goes to show that important dystopian novels do not become outdated but rather make it clear how far we have already come. Thus, we have a good basis to evaluate which aspects of our scientific and technological progress can be seen positively and which ones are negative or even dangerous.
Utopian literature risks becoming outdated even less as by definition it intends to evoke a place which does not exist. Utopia is a word derived from Greek and means "no place". Again, it allows us to develop ideas about what our future could look like, here in a positive sense and not as a warning. Especially because our world is changing so fast, we need to come up with visions of the future to be able to shape it actively. We may well use the creativity of authors to get some ideas.
As a result, I consider dystopian and utopian fiction to be crucial for the development of society and I'm really glad that it is so widely received among young people. We are the next generation and it is therefore up to us to shape the future. Hopefully this conference will give us all some ideas about what shape it should take and what developments we should be critical of.
Thank you for your attention. *(515 words)*

Teil B: Sprachmittlung (isoliert)

4. *In dieser Aufgabe geht es darum eine E-Mail an einen Freund oder eine Freundin in den USA zu verfassen, in der Sie über den Einsatz von Robotern in deutschen Unternehmen berichten. Der Stil ist dementsprechend relativ umgangssprachlich, abgesehen von einigen thematischen Fachbegriffen. Beachten Sie außerdem die typischen Merkmale einer E-Mail. Auf inhaltlicher Ebene müssen Sie auf den Einsatz, die Grenzen und Potentiale von Robotern in deutschen Unternehmen eingehen, so wie sie in dem Artikel von V. Bernau dargestellt werden.*
   - *Anrede (Dear .../Hello ...)*
   - *eröffnende Sätze*
   - *Gebrauch der Roboter*
     - *mehr Roboter in deutschen Unternehmen als in vielen anderen Ländern*
     - *zunehmender Einsatz auch in komplexeren Situationen*
   - *Grenzen*
     - *überall dort wo es auf Empathie, Kreativität und Intuition ankommt*
     - *hoher Programmieraufwand für den Einsatz in komplexen Situationen*
   - *Potenzial*
     - *mehr Sicherheit und höhere Effizienz*
     - *technologischer Fortschritt ermöglicht zunehmend Einsatz in komplexen Situationen*
   - *Abschluss und Grußformel*

Dear Cathy,

It's great to hear from you. I'm glad you and your family are okay. I'm quite busy right now with my A-level exams but apart from that everything is fine.
The presentation you're working on sounds interesting. It certainly is an important topic and I have found an article from 2016 by a journalist called Varinia Bernau, which might interest you.
According to this article robots are used more often in German companies than in most other countries. For every 10,000 workers there are about 292 machines. Also, these machines are used in increasingly complex situations. So far this has been difficult because it requires a lot of programming as robots do not work on intuition. Other areas where robots are still of little use are those that call for empathy or creativity. However, robots are increasingly used in complex situations because of technological progress. German companies test robots in these situations because they offer more safety and work more efficiently. If you need an example for your presentation you could mention Daimler's tests with self-driving trucks which worked out very well as they – unlike human drivers – never tire or lack in concentration.
I hope you can use this information for your presentation. Let me know how it goes. Take care and send my love to your family.

Yours,
Tugba *(222 words)*

Abiturprüfung NRW – Englisch 2019
Grundkurs: Aufgabe 1

Teil A: Leseverstehen und Schreiben (integriert) — Inhalt 42 P. / Sprache 63 P.

Aufgabenstellung

Punkte

1. Describe Zafar's and the other characters' reactions to the outcome of his interview. *(Comprehension)* — 12
2. Analyse how the outcome of the interview is presented through the different characters' reactions. Focus on point of view and dialogue. *(Analysis)* — 16
3. Choose **one** of the following tasks: — 14

3.1 Evaluate to what extent Zafar's thought "I would never again be destitute." (l. 9) is realistic. Refer to the text and work done in class on the United Kingdom and *Studying and Working in a Globalized World.* *(Evaluation: comment)*

3.2 Later that evening Zafar decides to tell his cousin in Bangladesh about his experience. Write his personal letter in which he reflects on whether the University of Oxford really is the right place for him or not. Refer to the text and work done in class on the United Kingdom. *(Evaluation: re-creation of text)*

Text:
Zia Haider Rahman, *In the Light of What We Know*

Zafar, the protagonist, who is from a poor background, was born in Bangladesh but brought up in Britain. He has applied to the prestigious Oxford University and has been invited to an interview. One of his teachers has arranged for him to get a lift with a friend of hers, whose son, Laurent, also has an interview at Oxford.

After the interview, I decided to give myself some time before rejoining Laurent and his mother, and so I took a walk through Oxford, around the Radcliffe Camera (twice), under the Bridge of Sighs, down to Magdalen Deer Park. Everything was as I had seen it in the books at the public library near my home in London, yet now a future at Oxford was more than an idle dream. But there was something new and unexpected.

As I walked through the streets, one thought returned to me over and over. One thought kept surprising me, springing at me from behind walls and at corners, like some trickster; one thought followed me around the city as I walked through its cobbled streets and along its sandstone walls: I would never again be destitute.

It was early December and by mid-afternoon the light was retreating. I made my way back to the Eastgate Hotel, where Laurent's mother had ensconced herself for the day. When I arrived, she and Laurent were taking tea by the fireside in the hotel drawing room.

How did it go? she asked me, as Laurent bit into a scone.

They've given me a place, I said.

What do you mean? asked Laurent, through a mouthful of scone. His mother looked at him sharply.

I think the college offered me a place, I said.

No, said Laurent, they don't tell you until later by post. First you take the entrance exam, which you did last month, right?

Right, I replied.

Then they interview you and after that they let you know by letter.

One of the fellows – are they called fellows?

Yes.

One of the fellows said they looked forward to seeing me next autumn.

What exactly did he say? asked Laurent.

Well, she said – she was a woman – that they were pleased to inform me that I had a place to read mathematics at the college and they hoped I would accept, and they looked forward to seeing me next autumn.

There was then an odd silence as the information seemed to take root. I am not so naive now, nor perhaps was I so naive then, as to remain blind to their incredulity, though at that moment I too felt my own disbelief, as I heard myself.

You must feel overjoyed, said Laurent's mother.

I'm happy, I said, but mainly I feel hungry.

I wasn't sure I had enough loose change to buy anything to eat in this expensive hotel. *(414 words)*

Zia Haider Rahman, In the Light of What We Know, *London: Picador 2014, pp. 48/49*

Annotation

l. 28 *to read mathematics: here:* to study mathematics

Teil B: Sprachmittlung (isoliert) Inhalt 18 P. / Sprache 27 P.

Aufgabenstellung

4. In her first year at university your British Indian friend has joined a society that develops support systems for university students with a migrant background. She/He wants to know what the situation is like in Germany.
   Write her/him an email in which you summarize what Katrin Elger's interview with Caner Aver says about university students with a migrant background at German universities and the problems they face.
   (Mediation) 18

Text:
Katrin Elger, *Migranten an der Uni: „Das Studium überfordert viele“*

SPIEGEL ONLINE: Jeder fünfte Student an deutschen Hochschulen hat einen Migrationshintergrund. Allerdings bricht fast die Hälfte ihr Bachelorstudium wieder ab. Warum tun sich viele an den Unis so schwer?

Aver: Jugendliche aus Einwandererfamilien sind häufig doppelt benachteiligt. Manche haben durch ihren Migrationshintergrund Sprachschwierigkeiten, häufig kommen sie auch noch aus bildungsfernen und prekären Verhältnissen. Nur 30 Prozent der türkischstämmigen Abiturienten haben Eltern mit einem hohen Bildungsniveau. Ihnen fehlen die Vorbilder. Manche schaffen mit Mühe und Not das Abitur, das Studium überfordert sie.

SPIEGEL ONLINE: Bieten die Universitäten nicht zahlreiche Tutorien oder Beratungsstunden an?

Aver: Es mangelt an Projekten, die bewusst und strukturell auf die Sprach- und Schreibschwierigkeiten zielen, etwa wenn es darum geht, eine gute Hausarbeit zu verfassen. Es gibt durchaus auch Herkunftsdeutsche, die sich mehr Unterstützung in diesem Bereich wünschen. Angebote, die Studieninteressierte auf die Universität vorbereiten, müssten bereits in der Oberstufe ansetzen. Wer aus einer Arbeiterfamilie kommt, hat nicht die Chance, einfach mal zu Hause jemanden zu fragen. Hinzu kommt, dass viele Studierende mit Migrationshintergrund nebenbei jobben müssen.

SPIEGEL ONLINE: Der Bafög-Höchstsatz liegt immerhin bei 735 Euro. Reicht das nicht?

Aver: Das Problem ist, dass die Lebenswege oftmals nicht geradlinig verlaufen. Wer sein Studium aber nicht in der Regelzeit schafft, kann schnell Schwierigkeiten mit der Finanzierung bekommen, wenn ihn die Familie nicht unterstützen kann. […]

SPIEGEL ONLINE: Sie selbst haben einen türkischen Hintergrund. Hatten Sie mit ähnlichen Schwierigkeiten an der Universität zu kämpfen?

Aver: An der Hochschule bin ich gut zurechtgekommen. Bei mir war eher die Schulzeit eine Herausforderung.

SPIEGEL ONLINE: Inwiefern?

Aver: Meine Lehrer wollten mir nur eine Hauptschulempfehlung geben. Meine Eltern haben dann radebrechend durchgesetzt, dass ich auf die Realschule durfte. Das war ihnen sehr wichtig. […] Leider bin ich in der Realschule dann erst mal sitzengeblieben.

SPIEGEL ONLINE: Wie ist Ihnen am Ende trotzdem noch der Sprung an die Universität gelungen?

Aver: Meine Eltern haben mich zur Deutsch-Nachhilfe geschickt, das hat am Ende den Unterschied gemacht. Arbeiten wie sie in der Fabrik wollte ich nie. Ich war der Erste, in der Familie, der es an die Uni geschafft hat. *(331 Wörter)*

Katrin Elger, „Migranten an der Uni: ‚Das Studium überfordert viele'", in: Spiegel Online, *18. Juli 2017. http://www spiegel.de/lebenundlernen/uni/migranten-an-deutschen-unis-das-studium-ueberfordert-viele-a-1158340.html*

Anmerkungen

Aver: Caner Aver ist ein wissenschaftlicher Mitarbeiter am Zentrum für Türkeistudien und Integrationsforschung an der Universität Duisburg-Essen

Z. 29 *radebrechend:* mit viel Mühe trotz Sprachproblemen

Lösungsvorschläge

Teil A: Leseverstehen und Schreiben (integriert)

1. *In this task you need to describe in some detail how the protagonist and the other characters react to the outcome of Zafar's interview. Start by explaining what the interview was about and what the outcome is.*
   - *interview at Oxford University*
   - *Zafar is offered a place to study mathematics*
   - *his reaction*
     - *first takes a walk through the city*
     - *needs some time alone*
     - *realizes that his life will change*
     - *he will not be poor any longer*
     - *happy but also incredulous*
   - *Laurent and his mother's reaction*
     - *cannot believe what they hear*
     - *want to know what was said exactly*
     - *fall silent*
     - *do not express any joy nor do they congratulate Zafar*

   The excerpt from Zia Haider Rahman's novel *In the Light of What We Know*, published in 2014, is about Zafar, a young migrant student who has applied to Oxford University and has just been interviewed there. Right after the interview Zafar is offered a place to study mathematics at Oxford.
   The protagonist needs some time on his own to process the information and takes a walk through the city. During this walk he realizes that this offer will change his whole life and that he will no longer be poor. He is happy but also has problems believing that he can really attend Oxford University.
   When Laurent tells them the good news, the other characters, Laurent, who has also applied for a place at the university, and his mother cannot believe what they hear. Laurent asks what exactly the interviewers said because usually students are not offered a place straight away but are informed some time later by letter. Once they are convinced that Zafar was accepted on the spot, neither Laurent nor his mother express any joy or congratulate him. Instead they fall silent before Laurent's mother finally expresses the thought that Zafar must be glad. *(197 words)*

2. *Here you must analyse how the outcome of the interview that you have described before is conveyed. Like before you need to focus on the different characters' reactions. More precisely, you have to explain how the choice of point of view as well as the dialogue influence the readers' perception of the result of the interview.*
   - *outcome: surprising, needs to be processed*
   - *point of view*

- *first person narrator: Zafar's point of view*
- *the reader gets insight into his feelings and reactions to the outcome*
- *he needs time to process the result → takes a walk (cf. ll. 1/2)*
- *everything he sees is as expected (cf. ll. 3/4)*
- *yet, something is "new and unexpected" (l. 5); first the reader is left in the dark as to what this is*
- *narrator describes his feeling of surprise in detail (cf. ll. 7/8) → due to the outcome of the interview his life will change, he will no longer be poor*
- *in sharp contrast to his current situation: "destitute" (l. 9), cf. ll. 35/36*
- *realizes the other characters' surprise (cf. ll. 30/31)*
- *no insight into their thoughts and feelings → appear cold*

– *dialogue*
  - *mainly between Laurent and Zafar*
  - *Laurent's repeated questions (cf. ll. 16, 19/20, 26) → disbelief, feeling of superiority*
  - *mother reacts rather coldly (cf. l. 33)*
  - *people of a higher class seem to find it difficult to accept that a student with Zafar's background was granted a place*

The outcome of the interview clearly comes as a surprise to the different characters in the excerpt. Their reactions show that they need some time to process the result before they can actually believe it. This effect is mainly created through the choice of point of view and through the dialogue between Zafar and Laurent, which seems more like a question and answer session than a conversation.
Zafar is the story's first-person narrator. Consequently, the readers see everything through his eyes. Therefore, they get an insight into Zafar's feelings and reactions to the offer he gets at the end of the interview. "After the interview, [Zafar decides] to give [himself] some time" (l. 1). He obviously needs some time to process the result of the interview, which indicates that he did not anticipate it. During the walk through the city he does not see anything that surprises him and still there is "something new and unexpected" (l. 5). As the readers follow Zafar's train of thought, they do not realize straight away what this "something" is, but the element of surprise is emphasized. "One thought [keeps] surprising [him], springing at [him] from behind walls and corners, like some trickster" (ll. 6–8). Finally, this thought is revealed, he will "never again be destitute" (l. 9). This idea is in sharp contrast to his current situation, in which he is not even sure that he can afford food in the hotel in which Laurent and his mother are staying (cf. ll. 35/36). Thus, the extent of the change becomes obvious.
The other characters' reaction to the outcome of the interview is presented both indirectly through Zafar's perspective and directly in the conversation. Zafar describes their reaction as one of "incredulity" (l. 31). Due to the choice of narrative perspective, the readers do not get any insight into their thoughts and feelings. Therefore, their reaction seems distant and cold.
The dialogue intensifies this impression. Laurent asks repeated questions because he simply cannot believe that Zafar was granted a place at the university straight

away. He seems to believe that Zafar must have got it wrong. He takes Zafar through the application process in a strange question and answer session, as if Zafar was an imbecile (cf. ll. 16, 19/20, 26). These questions indicate that Laurent is completely stunned, and his style of questioning shows Laurent's feeling of superiority. His mother remains silent most of the time. Once she is convinced that everything is as Zafar has said, she only observes that he "must feel overjoyed" (l. 33). It can be assumed from this empty phrase that she herself is not. It seems to be unbelievable to her that a student with Zafar's background was granted a place at Oxford.
Overall, surprise is the one feeling that all characters seem to share. However, whereas Zafar is above all surprised because he realizes how much his life will change, Laurent and his mother are surprised that a poor migrant student can make it to Oxford and be accepted on the spot, whereas rich Laurent has to wait for a letter from the university to learn if he will be able to study there or not.

(535 words)

3.1 *You are asked to express your opinion on the protagonist's idea that he will no longer be poor because he has been accepted at Oxford Make up your mind first and then bring forth arguments supporting it. To do so, you should refer to the text at hand but also take into account what you know about the current situation in the UK and about studying and working in a globalized world. You may want to consider aspects that influence a person's social advancement.*

- *introduction*
  - *present and explain Zafar's thoughts*
- *arguments supporting Zafar's assessment*
  - *Oxford University is an elite university*
  - *important in Britain's class-ridden society*
  - *unusual for underprivileged student with migrant background → important step to climb the social ladder*
- *other aspects that influence a person's social situation*
  - *family background*
  - *individual skills, motivation and diligence*
  - *national and global economic situation*
- *conclusion*
  - *summarize your main points*
  - *express your opinion*

In the excerpt at hand, Zafar expresses the belief that he will "never again be destitute" (l. 9) because he has been accepted at Oxford University. He is convinced that a place at this university and, more importantly, a degree from this university, guarantees wealth and probably also social advancement. He certainly is right, that this holds at least great promise for his future, especially taking into account his personal background as an immigrant from Bangladesh.

Oxford University is one of the elite universities in the UK. Because of its prestige and the network he will be able to establish while studying there, Zafar will have access to positions he would most probably not be able to take otherwise. This is at least partly due to the fact that the UK is still a class-ridden society. Students like Laurent, who come from affluent and maybe influential families, are more likely to be accepted at private universities. As the study fees are substantial, students with a less privileged background are usually not able to afford a place at Oxford.

This aspect indicates that Zafar is not offered the place without a reason. Taking into account his social background, he must have convinced the fellows at Oxford through his abilities. He seems to be some kind of mathematical genius to be offered a place straight away. This is underlined by Laurent's disbelief when he hears the news. Thus, money and class do not determine everything, skills and talent are other means to climb the social ladder.

Still, there might be obstacles Zafar cannot influence. A national economic crisis could make it harder for him to find a well-paid job. Nevertheless, a degree from Oxford University would be worth a lot. Additionally, Zafar could emigrate to another country where his skills are asked for. Probably, only a global economic crisis like the world saw in the years after 2007 might put an end to his dream.

So, if Zafar lives up to the expectations the fellows at Oxford seem to have of him, he will most probably be able to make his "idle dream" (l. 5) come true. Of course, he must prove to be a motivated, clever and diligent student. Considering his background, he will always have to be at least slightly better than the average Oxford student to assert himself among his peers. *(392 words)*

3.2 *In this task you are asked to put yourself in Zafar's position. To do so you should consider again what you have written in the first two assignments. On the basis of what you have learned about the character so far, what will he think and feel about studying at Oxford University after the interview and the conversation with Laurent? You should reflect on chances and challenges alike. Also, take into account his writing style. How does he express himself? As the novel is written from his perspective, it gives you some idea as to words and structures he is likely to use. Finally, consider the addressee and ask yourself what additional information a cousin in Bangladesh might need. The text required is a letter. Therefore, pay attention to the typical features of a private letter.*

- *introduction*
  - *relate the news (cousin does not know about it yet)*
  - *express feelings, e. g. pride, worries, uncertainty*
- *chances*
  - *high academic standard*
  - *interesting people*
  - *promises for the future*
  - *social rise*

- *challenges*
  - *different social background → he will be an outsider among upper class students*
  - *must constantly prove worthy of the chances given → pressure*
  - *afraid that he will not be able to meet expectations*

Dear Chandra,

How are you? How are Auntie and Uncle? I hope this letter reaches you all in good health. I'm writing to you from Oxford. Today, I had an interview at the prestigious Oxford University and the most astonishing thing happened to me. They offered me a place to study Maths! Normally you have to wait for a letter with the results, but I was offered a place straight away. Can you believe it? I can hardly believe it myself and in writing this letter I'm trying to make sense of it all. Studying at Oxford University is an enormous opportunity. There are very high academic standards and I would be able to learn so much. You know how I love Maths; here I could really immerse myself in it. I would also get to know a lot of interesting and clever people. My whole life would change. Not only would I leave London, but I would dive into a completely different society. Just imagine a poor Bangladeshi boy among upper class, snobbish Brits.

That's exactly what is worrying me, though. Will I fit in? My clothes are different, my accent is different, my entire background is different. I'm afraid I and above all they will never forget that. Take today, as an example. I came to Oxford with a friend of my teacher's – I wouldn't have known how to pay for the train ticket. When this friend and her son heard that I was accepted on the spot, they just couldn't believe it. Me, a poor student with a migration background being accepted at Oxford. The son asked me three times because he was convinced I had got it wrong. This total snob. They did not even say "Congratulations", just that I "must feel overjoyed". They simply couldn't imagine that a Bangladeshi, and a poor one on top, has got talent.

Well, my teacher is different. She made me apply to Oxford. I wouldn't have dreamed of it. And the fellows – that's what they call the scholars at Oxford – must be different, too. Else they wouldn't have offered me the place. Still, it puts a lot of pressure on me because I will have to prove myself every day.

Oh, Chandra, I hope you don't think I'm crazy worrying. You're slaving away in a sweatshop day after day, while I'm sitting here in Oxford, wondering whether to accept this amazing offer. Right you are, I must not let my future be decided by some snobs. If you can take the sweatshop, I can certainly take some stupid remarks and bitter looks.

See, it always helps to write to you and try to see things your way. So, take care and give my love to Auntie and Uncle.

Yours,
Zafar

(462 words)

Teil B: Sprachmittlung (isoliert)

4. *Hier müssen Sie eine E-Mail an eine britische Person mit indischem Migrationshintergrund verfassen, die etwas über die Situation von Studierenden mit Migrationsgeschichte in Deutschland wissen möchte. Da es sich um einen privaten Text handelt, sollte er in Alltagssprache verfasst sein. Gehen Sie neben der allgemeinen Situation dieser Studierenden v. a. auf deren Probleme an der Universität ein.*
   - *Situation der Studierenden mit Migrationshintergrund*
     - *20 % der Studierenden haben Migrationshintergrund*
     - *viele davon brechen ihr Studium wieder ab (fast 50 % im Bachelorstudium)*
   - *Probleme*
     - *bildungsferne, ärmere Familien → Vorbilder in der Familie fehlen, keine inhaltliche oder finanzielle Unterstützung durch die Familie möglich*
     - *Nebenjobs sind notwendig zur Finanzierung des Lebensunterhalts, insbesondere wenn Regelstudienzeit überschritten wird*
     - *zu wenig Unterstützung bei Sprach- und Schreibschwierigkeiten*

Dear Leila,

Great to hear from you. So, you've started your studies already. I'm still busy taking my A-levels. And you've joined a society straight away. That's certainly a good way to get to know people at the university and do something worthwhile at the same time.

As for your question on the situation of university students with a migrant background and their problems here in Germany, I've found an interesting interview with a university research assistant with Turkish roots. The article was published in July 2017. According to the interviewer, only 20 % of the students at German universities have a migration background. Almost half of these students don't finish their studies and drop out before even getting their bachelor's degree.

That's because of the multiple problems they face. The interviewee states that these students' families often don't have any university degrees themselves. More often than not they are poorly educated, which means the young people don't have any role models within their families. What is more, their family can't help them, when they have problems with the subjects taught at university. Also, they usually can't help them to pay for their studies. Poor students are supported by the state but if it takes them longer than the pre-fixed standard time to finish their studies, the financial support is withdrawn. Then, they have to earn money instead of concentrating on their studies.

Another problem concerns language. According to the interviewee, there simply aren't enough classes at school or at university to prepare students to understand and write academic texts.

As you can see, the problems are tough. What is the situation like in the UK? I hope your group can offer some support. Let me know how it works there.

Love,
Mia *(293 words)*

Abiturprüfung NRW – Englisch 2019
Grundkurs: Aufgabe 2

Teil A: Leseverstehen und Schreiben (integriert) Inhalt 42 P. / Sprache 63 P.

Aufgabenstellung Punkte

1. Outline what John Worne says about foreign language learning in the UK and his personal view on this issue. *(Comprehension)* 12

2. Analyse how Worne presents his view. Focus on communicative strategies and use of language. *(Analysis)* 16

3. Choose **one** of the following tasks: 14

3.1 Comment on Worne's claim that "language learning is vital for the UK's future prosperity and global standing" (l. 16). Refer to the text and work done in class. *(Evaluation: comment)*

3.2 Write a letter to the editor of *The Telegraph* in which you respond to the article from the point of view of a British student who considers foreign language learning superfluous. Refer to the text and work done in class. *(Evaluation: re-creation of text)*

Text:
John Worne, *Language learning in the UK: 'can't, won't, don't'*

Can't, won't, don't, three words which sum up our national view on speaking foreign languages. […]

For the past seven years, the number of UK students choosing to study foreign languages at university level has been in steady decline – and sadly, this latest news does very little to suggest any prospect of us re-commissioning our collective brain.

While there is some progress – languages are now on the menu in more primary schools – there's a long haul ahead. The latest national school exam results show that uptake of languages at both GCSE and A-level has also stalled.

More than 10,000 fewer language A-level exams were taken last year than at the end of the 1990s, with GCSE entry figures again showing a drop in the number of Modern Foreign Language exams, following a couple of years of growth.

Perfectly intelligent people will tell you not to worry. Everyone speaks English in the world of business (they don't), your iPhone will now translate road signs for you (but you may crash or choke on the roaming data charges) and the next generation of wearable tech will enable intercultural telepathy anyway. Cobblers.

Language learning is vital for the UK's future prosperity and global standing. Languages are essential for our trade, prosperity, cultural exports, diplomacy and national security.

The most recent CBI/Pearson Education and Skills Survey showed almost two-thirds of UK businesses need foreign language skills – and expect that to grow as more firms look to break into new fast-growing markets, with the UK's concerted export drive. The problem is many UK businesses have given up on home-grown talent and rely on translators or hire abroad.

The only really piece of good news is forward-thinking universities are offering students the chance to study a language alongside another degree subject. A number of students are opting to do so – more should.

It's a particularly attractive combination for employers. The tough reality in a tough jobs market is a lawyer with Chinese language skills is more in demand than a pure lawyer or a pure linguist.

There is no doubt the UK needs more of our young people, not fewer, to develop their language skills […].

So, parents of the UK (and I'm one), what it is going to take is a cultural shift in homes up and down the land. Unless we as parents start thinking more about languages, and international experiences, as essential strings to our children's bows, it's not going to happen; the school and education system can't fix it without us. *(417 words)*

John Worne, "Language learning in the UK: 'can't, won't, don't'", in: The Telegraph, *27 January 2015. https://www.telegraph.co.uk/education/educationopinion/11369703/Language-learning-in-the-UK-cant-wont-dont.html © Telegraph Media Group Limited 2015*

Annotations

l. 5 *re-commissioning our collective brains: here:* to reconsider our collective thinking
l. 8 *to stall: here:* to come to a standstill
l. 14 *roaming data charges:* within the European Union roaming charges ended on June 15, 2017, but you may still be charged for roaming in countries outside the EU
l. 15 *cobblers (informal):* nonsense
l. 19 *CBI/Pearson Education and Skills Survey:* an annual survey of criteria for employability, conducted by the Confederation of British Industry (CBI) in cooperation with Pearson, an education publishing company

Teil B: Sprachmittlung (isoliert) — Inhalt 18 P. / Sprache 27 P.

Aufgabenstellung

4. Your Canadian friend is thinking about spending a year in Germany after school and has been told that Berlin is the place to be.
Based on Marina Kormbaki's article write her/him an email outlining what makes living in Berlin attractive, especially for English speaking people. *(Mediation)* 18

Text:
Marina Kormbaki, *Berlin spricht Englisch*

Berlin spricht Englisch, Berlin wird angelsächsisch. Die Stadt weist zunehmend Ähnlichkeit mit London, Brooklyn und Sydney auf, seitdem jährlich Hunderttausende Briten, Amerikaner und Australier nach Berlin strömen. Die meisten reisen als Touristen oder Studenten an und wieder ab, doch viele bleiben. Gut möglich, dass man bei einem Spaziergang durch Neukölln, Kreuzberg und Mitte lange kein deutsches Wort vernimmt. Okay, in Neukölln und Kreuzberg mag dies auch daran liegen, dass Türkisch und Arabisch geläufige Verkehrssprachen sind. Aber ausgerechnet dort, zwischen Läden für Handyzubehör, Dönerimbissen und Rumpelkammern mit der Aufschrift „Antiquitäten“, finden sich immer mehr Spuren von Einwanderern angelsächsischer Herkunft. Zum Beispiel auf den kreidebeschrifteten Gastrotafeln. Wer im Neuköllner Weserstraßenkiez, in der Flughafenstraße oder im Schillerkiez hungrig unterwegs ist und kein Englisch spricht, der ist im Nachteil. Die Waffel des Tages, der Burger der Woche und das Gemüse der Saison sind oft ausschließlich auf Englisch angeschlagen. […] Berlin […] wird Weltstadt. Wie konnte das passieren?

„Berlin hat nichts mit dem Rest Deutschlands zu tun, Berlin ist eine Blase“, sagt David Walker. Er trinkt sein Glas Latte im „Papilles“. Ein minimalistisch durchdesigntes Café mit weißer Backsteinwand, schwarz gefliester Theke und Vintage-Mobiliar. Der Laden könnte so auch in Toronto, Hongkong oder Los Angeles stehen. Dort allerdings würde der Latte mehr als 2,80 Euro kosten. David Walker ist App-Entwickler aus England. Bei ihm in der Firma arbeiten Menschen aus 21 Nationen, sie sprechen Englisch miteinander. „Was sonst“, stellt David Walker fest.

Gegenüber vom „Papilles“ hat Orla Baumgarten soeben zwei Engländern einen Kafka-Band verkauft. Die Irin betreibt das „Curious Fox“, einen Laden für gebrauchte englischsprachige Bücher, der einmal im Monat zum Lyrikabend lädt. Ein Buchladen war Orla Baumgartens Lebenstraum. Im teuren Dublin hätte sie ihn nicht verwirklichen können. In Berlin-Neukölln dagegen schon. Kunst, Kultur, Nachtleben – all das spricht für Berlin, der Hype hält an. Was lockt, sind die noch immer relativ niedrigen Mieten, das im Vergleich zu anderen Metropolen günstige Leben. *(313 Wörter)*

Marina Kormbaki, „Berlin spricht Englisch“, in: Hannoversche Allgemeine Zeitung, 15. Juli 2016. http://www.haz.de/Sonntag/Top-Thema/Berlin-spricht-Englisch-Hauptstadt-international. Der Artikel ist erstmals im Wochenendjournal „Sonntag“ des Redaktionsnetzwerkes Deutschland (RND) erschienen, dem mehr als 50 Tageszeitungen angehören.

Anmerkungen
Z. 11 *Kiez: hier:* Stadtteil Berlins / Ort in Berlin
Z. 16 *Latte: hier:* Latte macchiato
Z. 17 *Vintage: hier:* alt oder alt aussehend

Lösungsvorschläge

Teil A: Leseverstehen und Schreiben (integriert)

1. *In this task you need to present what the author says about foreign language learning in the UK as well as his personal view on the subject. That means you need to relate both the facts mentioned as well as the opinion expressed.*
   - *facts*
     - *in the UK not enough people learn a foreign language*
     - *less and less students are studying foreign languages at university level and at secondary school*
     - *many people think it is not necessary because everybody speaks English*
     - *however, more primary schools teach foreign languages*
     - *some universities combine studying a subject with a language*
   - *the author's view*
     - *disagrees with this view*
     - *learning foreign languages is seen as very important for the country's economic, cultural and political future → globalization*
     - *many British companies need people who speak a second language → job opportunities*

   The article "Language learning in the UK: 'can't, won't, don't'" by John Worne, published on 27 January, 2015 in *The Telegraph* states that language learning is often judged to be superfluous in the UK. The author, however, disagrees with this assessment.
   According to the data given in the article, the number of students learning foreign languages at secondary school or at university level is decreasing. Many people are convinced that it is simply not necessary because everybody speaks English these days. Yet, there are some primary schools that teach foreign languages and some universities combine studying a subject with a language course.
   Worne clearly supports these initiatives because he believes that learning foreign languages is very important in a globalised world. He claims that the UK's economic, cultural and political future depends on people being able to speak languages other than English. According to a study which he quotes, many British companies need people who speak a second language, which means that this ability also improves a person's job opportunities. *(171 words)*

2. *Here you must analyse how the author conveys his message. In doing so, you need to focus on communicative strategies such as addressing the reader, stating facts, etc. You also need to take into account his use of language, that is for example his choice of words and rhetorical devices. Begin your analysis by presenting the author's message.*

- *message*
  - *British people need to learn foreign languages*
  - *it is essential especially for the country's economic future*
- *communicative strategies*
  - *"our" (ll. 1, 17, 30, 34) "us" (l. 35), → includes the readers*
  - *"parents of the UK" (l. 32) → direct address*
  - *presents facts (cf. ll. 9/10) and refers to statistics (cf. ll. 9/10) and a survey (cf. l. 19) → credibility*
  - *comments on people's view that it is not necessary for an English-speaking person to learn foreign languages → discredits this view*
  - *gives examples of language skills needed (cf. ll. 27–29) → convinces readers*
- *language*
  - *evaluating adjectives and adverbs, e. g. "sadly" (l. 4) → express disagreement; e. g. "vital" (l. 16) and "essential" (l. 17) → underline importance*
  - *words with a positive connotation, e. g. "forward-thinking" (l. 24), "chance" (l. 25) → present universities that focus on language skills in a positive light*
  - *enumeration of areas which suffer if languages are not learned (ll. 17/18) → underline far-reaching consequences*
  - *metaphor (cf. l. 34) → language learning is vital for children's future*

In his article, Worne conveys the view that British people need to learn foreign languages because it is essential for the country's future, especially economy-wise. The journalist tries to bring his message across by using certain communicative strategies and a particular choice of language.
The author includes the readers in his article by using the possessive determiner "our" (ll. 1, 17, 30, 34) and addresses them directly, when he asks "parents of the UK" (l. 32) to put a stronger focus on their children's education when it comes to them learning foreign languages. In doing so, he includes the readers and makes them part of one possible solution to the problem.
He presents facts and refers to statistics when he gives the number of students learning foreign languages at secondary school (cf. ll. 9/10) and to a survey to show how many companies need employees with foreign language skills (cf. ll. 19/20). Thus, he proves his claims to be credible.
Additionally, Worne comments on people's view that it is not necessary for an English-speaking person to learn foreign languages. He relates their arguments and puts his own, partly sarcastic comments in brackets (cf. ll. 12–14). As a result, the view of these people is discredited as being nonsense.
The journalist also gives examples of language skills needed to convince his readers of his argument that foreign language skills make employees more attractive to companies, especially when these language skills are combined with other professional skills, e. g. "a lawyer with Chinese language skills is more in demand than a pure lawyer or a pure linguist" (ll. 28/29).
As for the language Worne uses, his choice of words is striking. He uses the evaluating adverb "sadly" in line 4 to express his disagreement with people who think

it is not necessary to learn a foreign language. In contrast, the adjectives "vital" (l. 16) as well as "essential" (l. 17) are used to underline the importance of this skill. He uses words with a positive connotation to present universities that focus on language skills in a positive light. He calls them "forward-thinking" (l. 24) and claims their offer is a "chance" (l. 25) for students.
There are also stylistic devices used. In lines 17 and 18, the author enumerates areas which will suffer if foreign languages are not learned. Here, he underlines the far-reaching consequence of the "national view" (l. 1) that speaking English is sufficient. In line 34 Worne employs the metaphor of a bow to which language learning can add "essential strings" (l. 34) to present a vivid image of how important language skills are for a child's future.
To sum up, Worne makes use of multiple communicative strategies like direct address and of a biased choice of words to drive his message home to his readers.

(474 words)

3.1 *In this assignment you are asked to express your opinion on the protagonist's view that it is very important for British people to learn a foreign language because it has an important impact on the country's future regarding its economy and its position in a globalised world. Make up your mind first and then bring forth arguments supporting it. To do so, you should refer to the text at hand but also take into account what you have discussed in class.*

- *introduction*
  - *briefly present Worne's view*
- *arguments supporting Worne's opinion*
  - *many companies outsource work, e. g. to East-Asian countries → people need to communicate*
  - *Spanish and especially Chinese is spoken by more people than English*
  - *China is a growing economic market*
  - *societies become more multicultural → intercultural communication is necessary*
- *possible counter-arguments*
  - *English is a lingua-franca, widely spoken*
  - *on the internet and in digital contexts English is widely used*
- *conclusion*
  - *summarize your main aspects*
  - *express your opinion*

John Worne claims that speaking foreign languages is an important skill for British people even though they might not realize it. He believes that it is important for the UK's economic, political and cultural future but also for the professional career of the individual. Worne brings forth some important arguments, like the demand within the UK for employees to master a second language. There are even more arguments that support his view.

Many British companies outsource work, e.g. to East-Asian countries and employees in the different countries need to be able to communicate. Of course, Britons who state that English is so widely spoken that they can count on being able to communicate with almost everybody around the world are right. However, communication is more than just being able to understand each other's words. When learning a foreign language, one also learns how the people speaking that language tick, what is important in their culture for example when it comes to addressing foreigners or business partners. Thus, by neglecting foreign languages, the British are also neglecting foreign cultures. This is a problem in a globalized world, and it may well be that the British will have to pay dearly for this neglect. China, for example, is a growing economic market and more people speak Chinese as their mother tongue than English. Therefore, it may well harm the British economy if they do not learn to truly understand these potential business partners.
Also, societies within one country are becoming more and more multi-cultural. While it is definitely the task of those people immigrating to the UK to learn English, it will help the communication and true understanding within the country if the British also learn foreign languages, if only to understand how hard it is to become fluent in another language. Also, some British people might wish to leave their home country and move to another country. Then, they would have to learn that country's language.
It is clear that the advantages of speaking more than just one language outnumber the disadvantages. Therefore, I come to the conclusion that in a globalised world, where an enormous number of people speak Chinese or Spanish as their mother tongue, it is grossly negligent of the British to stick to their view that they "can't, won't and don't" (l. 1) speak foreign languages. *(390 words)*

3.2. *In this task you have to assume the role of a British student who does not see the importance of learning a foreign language. After having read Worne's article, this fictional student writes a letter to the editor of* The Telegraph *to express his/her view. Obviously, you need to refer to the article and refute the journalist's arguments, but you should also use some background information you have acquired in class. Consider the criteria of a letter to the editor.*

- *introduction*
  - *refer to the article*
  - *express your disagreement with Worne's opinion*
- *counter-arguments*
  - *globalisation has given English more importance, not less*
  - *in international organisations, English is the working language, e.g. the European Parliament, the UN*
  - *similarly, in big international companies English is widely used*
  - *during your own travels you never needed another language*
- *arguments from the student's view*
  - *English is a lingua franca*
  - *Commonwealth → many English-speaking countries*

- *importance of the USA as another English-speaking country*
- *on the internet and in digital contexts English is widely used*

– *conclusion*
- *summarize your view*
- *appeal to the readers, the editor or the author of the article*

27 January 2015

Dear Sir or Madam,

I am writing to you with reference to your article "Language learning in the UK: 'can't, won't, don't'" published today. In this article the journalist John Worne demands the British to learn foreign languages because he believes it to be vital for the future of our country. I am one of the students in the UK concerned by his demand, but I do not share Worne's view at all.

At school I have been learning French for 6 years already and I think I am actually doing quite well at it. However, whenever I travel, which I do quite extensively, my foreign language skills do not help me one bit. Wherever I go, no matter whether it is mainland Europe, Asia or South America, people speak English. Even in France, I could have gotten by without my language skills, if I had wanted to.

Instead of spending my time learning French it would have been more helpful to improve my intercultural skills by which I mean that we should learn about other countries' norms and traditions in order to avoid offensive behaviour – no matter if we communicate in English, French, Mandarin or Hindi.

The language of the World Wide Web is English, business partners around the world speak English, the Commonwealth countries speak English, the USA speak English, international organisations like the EU or the UN speak English. And even if you work for Google in Switzerland, you can get by perfectly without speaking a word of German, but you couldn't without fluency in English.

Admittedly, there are more people speaking Mandarin as their mother tongue, but if one takes into account the number of people speaking English as their second or third language, the language most widely spoken throughout the world is English.

All these undeniable facts make English the lingua franca per se. Therefore, I hope that parents and above all students of the UK stick to their very realistic assessment that learning a foreign language is and will remain superfluous.

Tom Jackson
Brighton

(344 words)

Teil B: Sprachmittlung (isoliert)

4. *In dieser Aufgabe geht es darum, eine E-Mail an eine befreundete kanadische Person zu verfassen, die mit dem Gedanken spielt, ein Jahr in Deutschland zu verbringen und dabei besonders an Berlin denkt. Da es sich somit um einen privaten Text handelt, sollte er in Alltagssprache verfasst sein. Arbeiten Sie aus dem Artikel die Vorzüge von Berlin, insbesondere für englischsprachige Personen, heraus und geben Sie diese in der E-Mail wieder.*
   - *Vorzüge der Stadt Berlin als Lebensraum*
     - *Berlin als moderne Metropole (Kunst, Kultur, Nachtleben)*
     - *vergleichsweise preiswerte Lebenshaltungskosten*
   - *besondere Vorzüge für englischsprachige Menschen*
     - *viele Menschen mit Englisch als Muttersprache*
     - *Englisch als Alltagssprache in einigen Stadtteilen*
     - *Englisch als Arbeitssprache in Firmen mit multinationalem Personal*
     - *englischsprachiges Kulturangebot (z. B. Buchläden)*

Dear Liam,

Great to hear from you and what an amazing idea to spend a year in Germany. That would mean we could meet again. Fantastic! As you are thinking of spending a year in Berlin, let me tell you about an article called "Berlin spricht Englisch (Berlin speaks English)", which I read just the other day.
The journalist describes Berlin as a modern metropolis whose nightlife as well as art and cultural scene can easily be compared to cities like London or Sydney. However, life in Berlin is less expensive, for example as far as housing is concerned, and going out is cheaper too.
What is more, Berlin is becoming more and more attractive especially to English-speaking people because the number of native English speakers living in the city is increasing. As a consequence, you will hear a lot of English in your daily life, e. g. when at a café or getting something to eat in the streets, at least in some parts of Berlin. You will even find English bookshops in Berlin these days. Also, there are companies with multinational employees where English is spoken within the company.
So, as you can see, Berlin is really attractive for you. And in order to brush up your German, we could meet from time to time. I'd love to visit you there. Let me know when you've made up your mind and I can be of any help.

Hope to see you soon,
Ali

(245 words)

Abiturprüfung NRW – Englisch 2020
Grundkurs: Aufgabe 1*

**Aufgabe 2 ist nicht enthalten, da sie thematisch nicht zu den aktuellen Abiturvorgaben passt.*

Teil A: Leseverstehen und Schreiben (integriert) — Inhalt 42 P. / Sprache 63 P.

Aufgabenstellung — Punkte

1. Describe the situation presented in the opening scene of the novel, the characters' behaviour during the conversation and the society the family lives in. *(Comprehension)* 12

2. Analyse how the opening scene is presented and its effect on the reader. Focus on point of view and use of language. *(Analysis)* 16

3. Choose **one** of the following tasks: 14

3.1 The protagonist says that "one day [her] daughter will be expected […] to be a devoted and dutiful wife. You need math for that, but not […] a voice" (ll. 27–29). Assess the consequences that limiting people's freedom of speech can have on a society and on the individual. Refer to the extract and work done in class on dystopian literature. *(Evaluation: comment)*

3.2 "In spite of [one] year of practice" (l. 34), Jean has still not got used to her new situation. Later that day, Jean reflects on how life in the USA has changed and the impact this may have on her children. Write her interior monologue. *(Evaluation: re-creation of text)*

Text:
Christina Dalcher, *Vox*

This is an extract from the opening scene of the novel Vox. *It is set in the USA in the near future, in a state ruled by an all-male government.*

I've become a woman of few words.

Tonight at supper, before I speak my final syllables of the day, Patrick reaches over and taps the silver-toned device around my left wrist. It's a light touch, as if he were sharing the pain, or perhaps reminding me to stay quiet until the counter resets itself at midnight. This magic will happen while I sleep, and I'll begin Tuesday with a virgin slate. My daughter, Sonia's, counter will do the same.

My boys do not wear word counters.

Over dinner, they are all engaged in the usual chatter about school.

Sonia also attends school, although she never wastes words discussing her days. At supper, between bites of a simple stew I made from memory, Patrick questions her about her progress in home economics, physical fitness, and a new course titled Simple Accounting for Households. Is she obeying the teachers? Will she earn high marks this term? He knows exactly the type of questions to ask: closed-ended, requiring only a nod or a shake of the head.

I watch and listen, my nails carving half-moons into the flesh of my palms. Sonia nods when appropriate, wrinkles her nose when my young twins, not understanding the importance of yes/no interrogatives and finite answer sets, ask their sister to tell them what the teachers are like […].

I could tell them what they want to know: All men at the front of the classrooms now. One-way system. Teachers talk. Students listen. It would cost me sixteen words. I have five left.

"How is her vocabulary?" Patrick asks, knocking his chin my way. He rephrases. "Is she learning?"

I shrug. By six, Sonia should have an army of ten thousand lexemes, individual troops that assemble and come to attention and obey the orders her small, still-plastic brain issues. Should have, if the three R's weren't now reduced to one: simple arithmetic. After all, one day my daughter will be expected to shop and to run a household, to be a devoted and dutiful wife. You need math for that, but not spelling. Not literature. Not a voice.

"You're the cognitive linguist," Patrick says, gathering empty plates, urging Steven to do the same.

"Was."

"Are."

In spite of my year of practice, the extra words leak out before I can stop them: "No. I'm. Not."

Patrick watches the counter tick off another three entries. […]

The boys exchange worried looks, the kind of worry that comes from knowing what occurs if the counter surpasses those three digits. One, zero, zero. *(421 words)*

Christina Dalcher, Vox, *New York: Berkley 2018, pp. 1/2*

Annotations

ll. 5/6 *virgin slate: here:* the word counter is set to zero again
l. 24 *lexeme:* linguistic term for a lexical unit such as a word or expression
l. 25 *still-plastic: here:* still in the process of developing
l. 26 *the three R's:* the three basic skills reading, writing and arithmetic
l. 30 *cognitive linguist:* scientist combining psychology and linguistics
l. 30 *Steven:* the protagonist's eldest son

Teil B: Sprachmittlung (isoliert) — Inhalt 18 P. / Sprache 27 P.

Aufgabenstellung

4. Your friend from the USA is doing a school project on gender equality in the job world. She/He has asked you for information about the situation in Germany.
   Write an email to your friend outlining what Sabrina Dietrich says about gender equality in Germany and how Girls'- and Boys' Days are meant to change the situation.
   (Mediation) 18

Text:
Sabrina Dietrich, ***Feuerwehrfrau und Erzieher – in Deutschland eher nicht***

Das Mädchen möchte zur Feuerwehr, der Junge Erzieher werden. In unserer modernen Gesellschaft sollten diese beruflichen Entscheidungen selbstverständlich sein. Dennoch sind tradierte Rollenbilder noch immer fest verankert und damit auch das Spektrum für die Berufswahl junger Menschen eingeschränkt.

Seit über zehn Jahren gibt es den bundesweiten Girls'Day und Boys'Day. Dieser Tag soll Schülerinnen und Schüler ermutigen, Berufe auszuprobieren, die typischerweise nicht ihrem Geschlecht zugeordnet werden. Beim Girls'Day geht es um die Bereiche Technik und Naturwissenschaften, Forschung und Wissenschaft, Informatik und Handwerk, beim Boys'Day um die Bereiche Pädagogik, Soziales und Erziehung, Pflege und medizinische Versorgung.

Die sogenannten Zukunftstage wollen erreichen, dass junge Menschen ihren Blick für die Vielfalt der Möglichkeiten öffnen und Berufe wählen, die ihrem Können und ihrer Vorliebe entsprechen. […]

Wo der Girls(- wie Boys)'Day hilft, das Thema Chancengleichheit und Chancengerechtigkeit ins gesellschaftliche Bewusstsein zu heben, macht er ebenso bewusst, wie defizitär die Situation in Deutschland noch immer ist. So sind es noch immer Frauen, die den Großteil der unbezahlten Arbeit übernehmen und sich um Kinderbetreuung und Pflege von Familienangehörigen kümmern. Nur 5,5 Prozent der Männer mit minderjährigem Kind arbeiten in Teilzeit, Frauen zu 67,8 Prozent. Diese Zahlen weisen zudem deutlich auf die Lohnlücke zwischen Mann und Frau. Bei gleicher

Arbeit verdienen Frauen im Schnitt 21 Prozent weniger als Männer. Dies konnte auch die sukzessive Wandlung der Geschlechterrollen in der Gesellschaft nicht merklich verringern. Für Frauen wäre es attraktiv, in den deutlich besser bezahlten MINT-Berufen zu arbeiten. Männer schrecken die niedrigen Löhne im sozialen Bereich oftmals ab. Es ist an der Zeit, Frauen und auch Berufe, die eher weiblich konnotiert sind, weil hauptsächlich von Frauen ausgeführt, besser zu stellen. Erst diese Schritte würden zu wirklicher Gerechtigkeit führen. [...]

Die gute Bilanz des Girls'Day zeigt, dass Schülerinnen offen sind für den Blick über den Tellerrand und es oftmals nur an Ideen und einem kleinen Schubs fehlt. Knapp 80 Prozent der teilnehmenden Mädchen befinden ihre Teilnahme am Girls'Day als hilfreich für die berufliche Orientierung. Inzwischen nennen 21 Prozent der Teilnehmerinnen einen Wunschberuf im MINT-Bereich. *(331 Wörter)*

Sabrina Dietrich, „Feuerwehrfrau und Erzieher – in Deutschland eher nicht", in: Behörden Spiegel, *Mai 2016, https://initiatived21.de/feuerwehrfrau-und-erzieher-in-deutschland-eher-nicht/*

Anmerkung

Z. 23/24 *MINT-Berufe:* Berufe in den Bereichen Mathematik, Informatik, Naturwissenschaften oder Technik

Lösungsvorschläge

Teil A: Leseverstehen und Schreiben (integriert)

1. *This task is three-fold. You need to describe in some detail what situation is presented, how the characters behave and what you get to know about the society they live in. You may want to use different colours to mark the relevant text passages.*
   - *situation*
     - *family at supper*
     - *talk about the day at school and the daughter's progress*
   - *the characters' behaviour*
     - *the boys are talkative*
     - *the father interrogates his daughter using closed-ended questions*
     - *daughter nods or shakes her head*
     - *mother first is silent than reacts impulsively when her profession comes up*
     - *mother speaks three words in a row*
     - *boys are apprehensive*
   - *society*
     - *women are taught to be quiet*
     - *are not allowed to speak more than 100 words per day (cf. l. 38)*
     - *wear word counters*
     - *different education for boys and girls*
     - *girls are prepared to be housewives and wives*
     - *teachers all male and do the talking*
     - *pupils only listen*

introduction: reference to source, situation

In the excerpt from the novel *Vox* by Christina Dalcher, published in 2018, a family of five is having supper. During the meal, they are talking about the children's day at school and about the daughter's progress.

characters' behaviour

While the boys are very talkative the girl only uses gestures and facial expressions to respond to her father's questions. He purposely asks only closed-ended questions so that his daughter does not need any words to answer. Initially, her mother is silent and just observes what is going on until her husband mentions her profession. This provokes a three-word response which is longer than usual and leaves her sons apprehensive.

society

It becomes obvious that women are taught to remain mostly quiet. They have to wear a word counter and if they speak more than 100 words a day, they seem to be punished. The teachers at school are all male and do all the talking. The pupils are only meant to listen. The syllabus for boys is different to that for girls.

Girls only learn enough to be prepared to be good housewives and obedient wives. *(183 words)*

2. *Here you are required to analyse what effect the presentation of the opening scene has on you as a reader. You should start by asking yourself how you reacted to the text and then read the text once more to find out what caused this reaction. You need to focus on point of view and on the use of language. Ask yourself who is telling the story and what effect this choice of narrator has. Also watch out for rhetorical devices or words with a positive or negative connotation.*
   - *narrator and point of view*
     - *first-person narrator (cf. l. 1)*
     - *limited point of view*
     - *subjective → reader is invited to side with narrator*
     - *narrator is female (cf. l. 1) and discriminated against*
     - *reader gets insight into her feelings and thoughts (cf. ll. 3/4, 24–29) → it becomes apparent that she is a precise observer and a thoughtful person*
     - *her frustration and struggle become obvious (cf. ll. 28/29, 34/35)*
   - *use of language*
     - *many short paratactic sentences (cf. ll. 5–7, 19–21) → mirrors her limited right to express herself*
     - *Patrick's closed-ended questions (cf. ll. 12/13, 23) → illustrates the kind of conversation that is possible*
     - *imagery ("my nails carving half-moons into the flesh of my palms" (l. 15), "individual troops that assemble and come to attention and obey the orders her small, still-plastic brain issues" (ll. 24–26) → shows what power of expression she really has*
     - *if-clause (cf. l. 26) → stresses that girls' capacities are deliberately reduced*
     - *enumeration of Sonia's future duties (cf. ll. 27/28) plus alliteration ("devoted and dutiful", l. 28) → emphasis on predetermined future*
     - *choice of words, e. g. "words leak out" (l. 34) → narrator loses control; "the pain" (l. 4) → the word-counter inflicts pain on the narrator; "magic" (l. 5) and "virgin slate" (ll. 5/6) → new start is seen positively, but narrator has no control; "worried" and "worry" (l. 37) → speaking more than 100 words seems to be punished*
   - *effect: reader feels angry with the system limiting this woman and all female characters; is left with an uneasy feeling that something terrible is about to happen*

The opening scene leaves the reader with an uneasy feeling because of its content, mainly the oppression of women, and because of the point of view and the language chosen. **introduction:** thesis

The scene unfolds with a first-person female narrator (cf. l. 1), which means that the reader gets insight into the feelings and **main part:** point of view, effect

thoughts of a woman who herself suffers discrimination against her sex. As a consequence, the readers only get limited and subjective information which makes them feel sympathy for the narrator, and they are invited to identify with her. For instance, it becomes apparent that the narrator is very critical of the education system (cf. ll. 24–28) and the role attributed to women (cf. ll. 27–29).

When her husband addresses her as "the cognitive linguist" (l. 30) she apparently used to be, she becomes frustrated and lets out three words "No. I'm. Not" (ll. 34/35). Here her struggle and frustration are obvious. Her inner conflict is further underlined by the choice of words. The three words mentioned above "leak out before [she] can stop them" (l. 34). This shows that she has lost control. The reaction of her sons, who "exchange worried looks" (l. 37) makes it clear that something terrible will happen if she utters more than 100 words a day. The reader feels uneasy and is maybe even fearful of what might happen.

→ choice of words (struggle to remain silent)

The expressions used to describe the word counter and its effect are also evaluative. On the one hand, it causes "pain" (l. 4) but, on the other hand, it is connected with the words "magic" (l. 5) and "virgin" (l. 5), both words with a positive connotation. However, the word "magic" implies that she has no control over the word counter, which makes the word seem less positive in this context, leaving the reader with a feeling of unease

→ choice of words (word counter)

Language is also used to stress the effects the rules set by society have on the characters and their relationships. In the scene, the narrator uses many short, paratactical sentences (cf. cf. ll. 5–7, 19–21) that mirror her limited right of expression. Also, the closed-ended questions her husband uses (cf. ll. 12/13, 23) illustrate that a real conversation between male and female characters is not possible as it must be one-sided only.

→ sentence structure (no real conversation)

Despite the rules, the narrator has the full capacity to express herself, which is apparent in the images she uses, e. g. in line 15 and in lines 24 to 26. Though she has to restrict herself when speaking, she is very resourceful when thinking. The if-clause in line 26 and the preceding sentence stress that girls' and women's capacities are deliberately reduced because of their future that is predetermined. The limits of that future are stressed by an enumeration and an alliteration. Girls are "expected to shop and to run a household, to be a devoted and dutiful wife" (ll. 27/28).

→ imagery (narrator's thoughts)

→ enumeration, alliteration (limits of women's lives)

All in all, the readers feel with the narrator and share her criticism of the society she lives in because the choice of narrator

conclusion

and point of view make it easy to identify with her. Language makes the problems women face more palpable and leaves the reader with an uneasy feeling, especially as they do not know what punishment is imposed when women break the rules.

(553 words)

3.1 *Here you are given a quote from the excerpt as a starting point for an assessment task in which you have to present your opinion on the topic at hand and support it with arguments. Start by explaining the quote and then express your view on what happens to the individual and to society if people's freedom of speech is restricted. Refer to the excerpt and to dystopian literature studied in class to support your view.*

- *consequences for the individual*
  - *the narrator becomes frustrated*
  - *had to give up her job*
  - *the daughter's chances to develop her mental capacities are reduced*
  - *submission*
  - *the individual's potential is limited → may lead to rebellion*
  - *Suzanne Collins,* The Hunger Games: *protagonist Katniss Everdeen learns from childhood on to control her language, finds other ways to communicate → rebels successfully*
  - *George Orwell,* Nineteen Eighty-Four*: "Newspeak" is created to take away the words people need to criticize the party → mind control → protagonist Winston Smith is an unsuccessful rebel*
- *consequences for society*
  - *society in* Vox *has to do without 50 % of its potential*
  - The Hunger Games *and* Nineteen Eighty-Four*: subjugation*
  - *society cannot develop freely*

introduction

In the dystopian world created by Christina Dalcher in her novel *Vox*, girls and women are only allowed to speak 100 words a day. Their sole purpose in life is to become "a devoted and dutiful wife" (l. 28). They "need math for that, but not […] a voice" (ll. 28/29).

main part: implications for individuals (reference to text)

In the given excerpt it becomes very clear that this rule has severe implications for the individual characters. The female narrator obviously had to give up her career as "cognitive linguist" (l. 30) and still seems frustrated when reminded of it (cf. ll. 32–35). Her daughter cannot develop her full mental capacities because she is not taught to express herself, but, in fact, the opposite. (cf. ll. 20–29). Her parents worry about her vocabulary (cf. l. 22). The fact that there seems to be some kind of punishment when a woman says more than 100 words (cf.

ll. 37/38) indicates that this unnatural rule is harshly implemented.

This not only has consequences for the female characters but also for the males because they also need to adapt to this rule, for instance by asking closed-ended questions, which do not allow for any real communication between the sexes.

In Suzanne Collins' novel *The Hunger Games*, Katniss, the main character, has to learn from childhood on that she must not speak her mind because any criticism of the government will be punished. However, she is still able to think freely. This is not the case in George Orwell's dystopia *Nineteen Eighty-Four*, in which English is replaced by "Newspeak", a language formed in a way that it does not enable people to even think negatively about the party and its politics. Due to the totalitarian societies they live in, both characters are oppressed, but Katniss is at least free to think what she wants and thus to make plans. In such a society, the individual has the choice either to submit to the rules or to rebel against them. Both characters choose rebellion but while Katniss is successful, Winston is not.

reference to other dystopian novels (here: *Hunger Games, Nineteen Eighty-Four*)

Freedom of speech is not only important for the individual but also for society as a whole because people need to be able to express themselves, their worries and their visions in order to change society and to avoid stagnation. In *Vox*, society is robbed of 50 % of its potential as women cannot express their thoughts and thus cannot express their ideas to advance society. In *Nineteen Eighty-Four* the entire society is manipulated and therefore not able to form independent ideas. This makes it easy for a government to rule its people, but in the long run there will be no development and no happiness.

implications for society

Both *The Hunger Games* and *Nineteen Eighty-Four* seem to suggest that people do not accept being limited and that rebellion is the only way out. Even though Winston's rebellion leads to his downfall, it seems to be the better alternative to a life of unhappiness and severe limitations. *(498 words)*

conclusion

3.2. *Here you have to write an interior monologue showing the character's thoughts and feelings. In particular, the narrator's feelings and thoughts on how life in the USA has changed and what impact this change might have on her children are to be included. For this task, it is helpful to consider what you know about the narrator's attitude to the changes and to her children's situation. Your text must be consistent with what you have learned about the narrator in assignments one and two. You should also attempt to use the style of language that the narrator uses in the text. Another look at your results from task two might be useful here.*

- *the changes to life in the USA*
  - *she used to be a cognitive linguist → is frustrated that she is limited to being a housewife and wife*
  - *unlike her daughter she was able to study → women's rights are severely restricted → angry at those responsible*
  - *the amendments to the constitution used to guarantee her equal rights and freedom of speech → promises are broken → anger*
  - *consequences of breaking the rules*
- *impact on her children*
  - *Sonia's future is predetermined → anger*
  - *Sonia's education is very limited → worries*
  - *The boys will stop chattering and learn to ask closed-ended questions → adapt to the rules → take rules for granted*
- *The narrator might be tempted to change something or be too worried about punishments.*
- *language*
  - *mostly short sentences*
  - *imagery*
  - *evaluative adjectives and adverbs*
  - *incomplete sentences*

introductory sentence (reference to excerpt)

There is only one word left to say till midnight. This leaves me with my thoughts. At least I'm free in my thoughts.

Jean's thoughts (changes in the USA, chances missed)

How I enjoyed my work as cognitive linguist. It was meaningful work. Now I'm reduced to running the household and being a loving wife. Oh yes, I do love Patrick and I know he suffers with me but then again, he can go outside, and he can speak his mind. No, that's not true. He cannot really speak his mind either because criticizing the rules would cause trouble for him and us. We should have expressed our thoughts, our rage and fears when there still was time. When they started limiting our rights that were once part of the constitution. But we were too busy starting a career and we didn't read the signs. Now there is no freedom of speech anymore.

impact on children

Maybe we could have prevented it, if only we had made better choices. Now our children have to suffer because we were too lazy or too busy to fight for our rights. Sonia will never know what it feels like to read novels, to study, to use her brain to its full capacity. Her brain will shrivel because it is not used. Her army of lexemes will be defeated before it was really built up. Poor Sonia.

And the boys. What about them? Now they still chatter on and on but soon they will stop. They will have learned to ask the right questions. They will have understood that Sonia and I cannot really tell them about our day. Then the conversation will stop. My God, what have we done? *(275 words)*

Teil B: Sprachmittlung (isoliert)

4. *In dieser Mediationsaufgabe müssen Sie eine persönliche E-Mail an eine befreundete Person in den USA schreiben, die an einem Schulprojekt zum Thema Geschlechtergerechtigkeit in der Berufswelt arbeitet. Der Text kann daher umgangssprachlich verfasst sein. Inhaltlich geht es um die Frage, inwieweit in Deutschland eine Geschlechtergerechtigkeit in der Arbeitswelt herrscht und wie der sogenannte Girls'Day und Boys'Day die Situation verändern kann.*
   - *Anrede, Bezug zur E-Mail des Freundes/der Freundin*
   - *Situation in Deutschland*
     - *Frauen übernehmen mehrheitlich unbezahlte Pflegearbeit. → deutlich mehr Frauen in Teilzeit als Männer*
     - *Frauen verdienen bei gleicher Arbeit im Schnitt 21 % weniger.*
     - *niedrigere Gehälter in Berufen, die häufig von Frauen gewählt werden*
   - *Auswirkung der Girls'- und Boys'Days*
     - *Einblicke in und Motivation für Berufe vermitteln, die für das eigene Geschlecht eher untypisch sind*
     - *Junge Menschen sollen Berufe wählen können, die ihrem Können und ihren Interessen entsprechen.*
     - *das Thema Chancengleichheit und -gerechtigkeit ins Bewusstsein der Gesellschaft heben*

Hi Charlie, — greeting

How are you? Thank you for your email. You've got an interesting school project going on there. As you wanted to know what the situation with gender equality on the German job market is like, I did some research and happened to find an interesting article. Here's the most important information for you — opening sentence, reference to task

Unfortunately, in Germany women still earn about 21 % less than men for the same work. Also, the jobs which women tend to choose, pay less than typically male jobs. To make things worse, it is mostly women who work part-time to look after their children or if family members are in need of care. So you can see that we still have quite a way to go to reach gender equality in the job world. — gender equality in Germany

However, we do have a so-called Boys'Day and Girls'Day. On that day, girls and boys have the chance to find out about jobs which are not typical for their sex. Girls are encouraged, for ex- — Boys' and Girls'Days ample, to find out about technical jobs or a trade. Boys can discover jobs in the social or educational sector, for example. This is meant to help young people to choose jobs that really fit their abilities and their interests. These days also help to create awareness of gender equality in our society.

As you can see, Germany is far from having achieved gender equality, but some measures are being taken to improve things. conclusion

I hope you can use this information for your project. If there is anything else I can do to help you, just let me know. finishing sentence

Lots of love,
Lena *(268 words)* closing, name

Abiturprüfung NRW – Englisch 2021
Grundkurs: Aufgabe 1

Teil A: Leseverstehen und Schreiben (integriert) — Inhalt 42 P. / Sprache 63 P.

Aufgabenstellung

Punkte

1. Outline what you learn about the three young women's backgrounds and their current situations. *(Comprehension)* — 12
2. Analyse how Maryam and her situation are presented. Focus on point of view and her relation to the other characters. *(Analysis)* — 16
3. Choose **one** of the following tasks: — 14

3.1 According to a <u>survey</u> conducted in 2018, 45 % of Nigerian adults say they plan to move to another country within five years, 28 % of them intending to move to the USA. Comment on these figures and their implications. Refer to work done in class on Nigeria and on American myths and realities. *(Evaluation: comment)*

(The <u>survey</u> was conducted by Pew Research Center, an independent US-American opinion research institute; https://pewrsr.ch/2OsJl1z, Zugriff: 27. 06. 2020)

3.2 On her last day at the Immigration Detention Centre, Maryam writes a letter to her childhood friend Abike back in Nigeria. Write this letter, focusing on her feelings about her return to Nigeria as well as on her hopes and fears for the future. *(Evaluation: re-creation of text)*

Text:
Molara Wood, *The Last Bus Stop*

The short story is set in London, where the three young women Sade, Ronke and Maryam became friends. Now Sade, the narrator, is about to call Ronke, who has gone to New York. She wants to tell her what happened to their friend Maryam. Before picking up the phone, she thinks back to the day when Ronke told them about her plan to leave.

[…] "I have model friends who aren't doing badly in New York." You looked at the greying sky outside the window. "Yeah, I think that's where I'm headed. America. The Last Bus Stop." I turned to Maryam who had sunk into the sofa, holding her mug close as though for warmth. We were thinking the same thing: we would soon be losing our friend to America. God's own country. The Last Bus Stop for many of our generation who, once they got there, never seemed to think there was anywhere left to go – or return. […]

That was the great thing about being around you, Ronke. The confidence that the world was wide, lush and inviting and you had your place in it, a sure footing that could not slip. Back in Lagos, Maryam and I would never move in the same circles as you. We'd probably never meet your kind – rich and privileged with the world yours for the taking, able to enjoy Beethoven if you chose. But in London we were your best friends. Remember how, when irritated by those Nigerians we considered beneath us, we'd smirk, "London is a leveler"? When it came to leveling Nigerians, London was indiscriminate. It leveled either way, up or down the social ladder. Maryam and I didn't mind that London leveled us up with you, Ronke. Looking back, I see it was all that time in your company that got Maryam thinking about becoming a model. It also fueled her dreams of escape to America, The Last Bus Stop.

Maryam was too short to be a model of course but carried herself like one. She was forced to take a break from university, unable to afford the fees. Money from home had dried up. Her widowed mother's fabric retailing business in Lagos was badly hit by a ban on imported textiles; then armed robbers swept the shop clean of expensive laces, voiles and jacquards. Maryam's student work permit ran out with her study visa, so she could not continue work as a part-time beauty consultant with her new, illegal immigrant status. She did the odd job where they were not too fussy about papers; and kept close to her beloved haunts by hanging with you. Now you are gone, and tomorrow I will not attend lectures. I must go to Maryam, you see.

I remember the day you left for New York, Ronke. We saw you off to Gatwick Airport. When it was time to go through the passengers' only gates, you wrapped us in what you liked to call "major hugs."

Maryam sobbed on the Gatwick Express back to Victoria Station and I pushed tissues into her hands, embarrassed at the sneaky glances from other passengers. I realized then that Maryam was crying more for herself than for you. She hadn't found a way to escape her predicament as you had just done. When the sniffling stopped, Maryam slipped on the Gianfranco Ferré sunglasses you gave her. She looked a bit like the model she wanted to be then, but a monologue ensued.

"I hate phoning home now, what's the use? Mum can hardly feed my brothers, let alone find the foreign exchange to support me here."

I only listened, one arm round her shoulders.

"No use calling for money … Mum just cries and cries till my credit runs out. Last time I phoned she begged me to come back home. But, go home to what, Sade, tell me; go home to what? Go back a failure, a university drop-out. Go back with my head bowed when my contemporaries in Lagos have done better with their lives? No. I can't go back … I can't go back. Not just now." […]

Now on the lone sofa in my living room, I dial your US number. How to say it, Ronke? That Maryam was caught attempting to board a flight to America with a forged passport and is to be deported back to Nigeria? That the dodgy boyfriend took every penny she had left to facilitate her last dash for The Last Bus Stop? If Kate Moss could make it as a model without a great height, who was to say Maryam couldn't? And if she couldn't be a model in America, she could be other things, couldn't she? Ronke was there, was she not? Maryam blurted it all out to me when I saw her at the Immigration Detention Centre today. Now, I must in turn blurt it all out to you. You, Ronke, who started Maryam's dream rolling.

I hear the phone ringing from across the waters. The receiver feels moist next to my cheek as I wait for an answer. *(778 words)*

Molara Wood, The Last Bus Stop, 2009
http://www.snreview.org/0308Wood.html (Zugriff: 15. 04. 2020)

Annotations

l. 23 *laces, voiles and jacquards:* types of textiles
l. 35 *Gianfranco Ferré:* an Italian fashion designer
l. 48 *Kate Moss:* British supermodel that was particularly successful in the 1990s and 2000s

Teil B: Sprachmittlung (isoliert)

Inhalt 18 P. / Sprache 27 P.

Aufgabenstellung

4. For a school project on social mobility worldwide, your former exchange student from the USA has chosen to give a presentation on the situation in Germany and has asked you for help.
   Write an email to your friend outlining what Nina Monecke's article says about the situation of young people growing up in poor families in Germany, problems they face and suggestions on how to improve their situation. *(Mediation)* 18

Text:
Nina Monecke, *Sarah ist mit Hartz IV aufgewachsen und wird nun als Erste in ihrer Familie studieren*

In einer gerechten Gesellschaft, in der jede*r die gleichen Chancen hat, wäre Sarah keine Ausnahme. Aber in unserer Gesellschaft ist sie es. Weil sie als Tochter einer alleinerziehenden Mutter und Hartz-IV-Empfängerin aufs Gymnasium gegangen ist, weil sie das Abitur mit der Abschlussnote 1,2 abgeschlossen hat und weil sie in diesen Tagen ihre ersten Seminare und Vorlesungen an der Uni besucht.

Für die zwei Millionen Kinder und Jugendliche, die in Deutschland in Familien mit Hartz IV aufwachsen, ist all das nicht selbstverständlich. „Statistisch bin ich nicht vorhanden", sagt Sarah. Eine Studie der Deutschen Hochschul- und Wissenschaftsforschung unterscheidet lediglich nach Bildungsgrad der Eltern: Von 100 Kindern aus Akademiker*innenfamilien studieren statistisch 79, bei Nicht-Akademiker*innenfamilien sind es 27.

Vor einem Jahr, ein Jahr vor ihrem Schulabschluss, ist Sarah mit einem Tweet bekannt geworden. Darin schrieb die heute 18-Jährige: „Hartz IV ist der größte Scheiß." Warum? Weil Kinder von Hartz-IV-Empfänger*innen nicht mehr als 100 Euro im Monat verdienen dürfen. Sie könnten, doch alles, was über diesem Betrag liegt, wird zu 80 Prozent abgezogen. Bei einem 450-Euro-Nebenjob wären Sarah am Ende 170 Euro geblieben. Sie und ihre Mutter bilden eine sogenannte Bedarfsgemeinschaft, deshalb werden die Einkünfte der Tochter mit dem Hartz-IV-Satz der Mutter verrechnet.

Was das für Sarah bedeutet? „Führerschein machen? Sicher nicht, bevor du ausgezogen bist. Du kannst ja nicht darauf sparen." Oder: „Deine Freunde fahren in den Urlaub, vielleicht sogar als Abschlussfahrt? Kannst du knicken." Sarah könnte viele weitere Beispiele nennen. Kindern, die in Armut aufwuchsen – und für die das schon schlimm genug sei –, nehme man so auch noch die Möglichkeit, sich selbst daraus zu befreien.

Im Oktober beginnt Sarah trotz allem ihr Studium an der Uni Bonn, Politikwissenschaft mit Philosophie im Nebenfach. Von der liberalen Erzählung, man könne alles schaffen, wenn man sich nur hart genug anstrengt, hält sie nichts. Dafür will sie auch nicht als gutes Beispiel herhalten. „Es geht nicht darum, dass es nicht möglich ist, es zu schaffen. Es geht darum, dass es nicht fair ist, wenn der eine durchrennt und der andere erst über drei Mauern klettern muss. Wir müssen klarmachen, wie Chancen verteilt sind, und gucken, wo wir diese Hürden abbauen können."

Sarah nennt ihre Position privilegiert, weil sie gut durch die Schule gekommen ist. [...]

Zwei zentrale Dinge müssten sich aus Sarahs Sicht ändern. Das Eine ist die Schule. Kinder nach der vierten Klasse zu sortieren, findet Sarah falsch. Es verfestige Ungerechtigkeiten nur. Wer von zu Hause nicht die Unterstützung bekomme, die er oder sie braucht, müsste diese in der Schule bekommen. Oft gehe es aber auch einfach um Geld – und damit um Teilhabe. Vieles berechne kein Hartz-IV-Satz mit ein. Zum Beispiel Geld für einen Umzug, für erste eigene Möbel, für die Kaution einer Wohnung oder eines WG-Zimmers, für Uni-Bücher. Oder auch einfach für Musikunterricht, Pizza, Kino. „Bei Chancengleichheit geht es nicht darum, dass alle Zugang zur Uni bekommen. Sondern darum, dass Kinder sich ausprobieren können und dieselben Chancen haben", sagt Sarah. „Wenn ein Kind mit Existenzängsten aufwächst, dann wird es kein glückliches Kind – und auch kein erfolgreiches."

Zuschüsse für Klassenfahrten oder Mitgliedsbeiträge im Sportverein, genau das soll das sogenannte Bildungs- und Teilhabepaket für einkommensschwache Familien fördern. Ein aktueller Bericht des Paritätischen Wohlfahrtsverbandes zeigt aber: Das Geld kommt bei vielen nicht an. Weniger als 15 Prozent der bedürftigen Schüler*innen unter 15 Jahren profitierten davon. Viele Anträge würden nicht bewilligt, die Verfahren für eben diese Anträge werden schon seit Langem als zu kompliziert kritisiert. [...]

Sarah hat sich für ein Studium der Politikwissenschaften und Philosophie entschieden, weil sie die Verhältnisse, in denen wir leben, verändern will. Verhältnisse, in denen sie die Ausnahme ist. *(596 Wörter)*

Nina Monecke, „Sarah ist mit Hartz IV aufgewachsen und wird nun als Erste in ihrer Familie studieren", in: ze.tt, 12. Oktober 2019
https://ze.tt/sarah-ist-mit-hartz-iv-aufgewachsen-und-wird-nun-als-erste-in-ihrer-familie-studieren/ (Zugriff: 18. 05. 2020)

Anmerkung

Z. 46 *Bildungs- und Teilhabepaket:* staatliche Unterstützung von Kindern aus bedürftigen Familien, um diesen die Teilnahme am gesellschaftlichen und kulturellen Leben zu ermöglichen sowie ihre Bildungschancen zu verbessern

Lösungsvorschläge

Teil A: Leseverstehen und Schreiben (integriert)

1. *In this task you have to present what the excerpt tells you about the three women's background and about their present situation. The three women are Sade, the narrator, Ronke, whom she addresses directly as "you" and Maryam.*
   - *background*
     - *all three come from Nigeria*
     - *Ronke is of higher social status, rich and privileged, educated*
     - *Maryam's mother used to have a fabric business in Lagos → could support her daughter financially*
     - *cannot do so any longer → Maryam had to drop out of university → lost study visa and student work permit*
   - *present situation*
     - *Ronke has moved on to America to become a model*
     - *Maryam has tried to follow her illegally → presently finds herself in the Immigration Detention Centre to be deported back to Nigeria*
     - *Sade is studying in London*

In the excerpt from Molara Wood's short story "The Last Bus Stop" published in 2009 the reader meets three young women, Sade, the narrator, and her two friends Maryam and Ronke. The reader learns about their background and their present situation. *(introduction)*

All three women originate from Nigeria but only met in London because in Nigeria they were kept apart because of their social statuses. Ronke comes from a rich and privileged family and is educated. Maryam's mother used to have a fabric business in Lagos and could support her family. After some bad luck she cannot send Maryam any money any longer and therefore Maryam had to drop out of university. As a consequence, she lost her study visa and her work permit. *(background Nigerian social status)*

Ronke has recently left London to become a model in America. Maryam, who tried to follow her with a fake passport, finds herself in the Immigration Detention Centre to be deported back to Nigeria. Sade still studies in London. *(162 words)* *(present situation)*

2. *Here you have to focus on Maryam only and you also have to analyse how she and her situation are presented. Take into account the point of view from which the story is told and Maryam's relation to the other characters.*

- *point of view:*
  - *seen through Sade's eyes, who is her close friend but also detached (e. g. ll. 3–5, ll. 20–25) → Sade knows her well; reader trusts her, does not feel pity for Maryam but rather accepts the facts the way they are*
  - *Sade characterizes her as a dreamer, does not mind that Maryam is too short to be a model, she "[carries] herself like one" (l. 19), takes Kate Moss as an example (cf. ll. 48/49) → reader is doubtful of her chances to make her dreams come true*
  - *Sade reproaches Ronke for putting ideas into Maryam's head (cf. ll. 52/53)*
- *relation to other characters:*
  - *Maryam is inspired by Ronke's confidence (e. g. ll. 16–18) and her dream of becoming a model*
  - *Maryam is close to Ronke, cries when she leaves for America (cf. ll. 31/32)*
  - *however, cries more for herself, desperate (cf. ll. 32–34)*
  - *depends on Ronke (cf. ll. 50/51)*
  - *depends on her mother's money (cf. l. 40)*
  - *feels like a failure, does not want to return to Nigeria (cf. ll. 41–44)*
  - *fighter, takes on odd jobs (cf. l. 25), gets fake passport (cf. ll. 46/47)*
  - *her dreams get her to the Immigration Detention Centre (cf. ll. 51/52)*
- *Maryam is determined but also rather naïve*

Maryam, one of the protagonists in the excerpt, is seen through Sade's eyes, who tells the story. Sade gives the reader an insight into Maryam's hopes and fears and shows how she is influenced by the people close to her. The narrator's point of view has an important impact on how the reader perceives Maryam.

introduction: reference to task

thesis

Sade and Maryam are close friends and Maryam opens up to her (cf. ll. 37–44), which means that Sade knows Maryam and her inner thoughts very well. Therefore, the reader can trust her when she talks about Maryam's dream of becoming a model but also when she makes it clear that she is doubtful of her chances of making her dream come true. "Maryam was too short to be a model of course" (l. 19).

main part: point of view

She also seems very detached when she relates the events leading to Maryam's present situation. The way she describes Maryam's mother's fate and the consequences this has for Maryam is very matter of fact (cf. ll. 20–25). This again underlines the trustworthiness of the narrator, even though she is involved in the story herself. Her detachment keeps the reader from feeling pity for Maryam.

detached narrator

Sade seems to reproach Ronke, whom she addresses directly throughout the excerpt, for Maryam's fate as she "started Maryam's dream rolling" (l. 53) and as Maryam trusts Ronke to help

relation to other characters

Maryam depends on Ronke

her once she made it to the USA (cf. ll. 50/51). Maryam is inspired by Ronke's confidence (cf. ll. 8–10) and her dream of becoming a model. She is very close to her and cries, when her friend leaves for America (cf. ll. 31/32). However, as Sade points out, she cries "more for herself" because she hasn't "found a way to escape her predicament" (ll. 33/34). This shows that she is desperate.

desperate

Maryam's desperation is caused by her mother's economic collapse (cf. ll. 20–25) because she depends financially on her support (cf. l. 40). However, Maryam is a fighter, she takes on "odd job[s]" (l. 25), gets a "forged passport" (ll. 46/47) and tries to follow Ronke to the USA. But this also shows that she is a bit naïve because she trusts her "dodgy boyfriend" who "took every penny she had left" (ll. 47/48) and wants to leave without a real plan for the future. If "she couldn't be a model in America, she could be other things, couldn't she?" (l. 50).

depends on mother's support

fighter

naïve

Returning to Nigeria is not an option for her because she would feel like "a failure, a university drop-out" (l. 42) if she returned there with empty hands. Finally, however, her naïve dreams get her to the Immigration Detention Centre (cf. ll. 51/52) from where she will be deported straight back to Nigeria, where she sees herself "head bowed" (ll. 42/43) because her "contemporaries [...] have done better with their lives" (l. 43).

relation to Nigeria

Altogether, Sade portrays her friend as a determined fighter whose naïve dreams end badly. The reader, who is invited to trust Sade, does not feel much pity for Maryam and also remains rather distant and detached due to the way that the narrator recounts the events. *(531 words)*

conclusion

3.1 *For the comment you are given numbers from a survey illustrating how many grown-up Nigerians want to leave their country and how many want to immigrate to the USA. You are asked to comment on the implications of these numbers. You need to refer to your knowledge on Nigeria and on American myths and realities. Take into account why Nigerians aim to leave their country, what they hope for in the USA and what this might mean for Nigeria. You also need to consider what awaits Nigerian immigrants in the USA. Reference to the short story "The Last Bus Stop" is not required.*

- *introduction*
  - *refer to the numbers given*
  - *present the topic*
- *reasons for leaving Nigeria*
  - *difficult economic situation*
  - *social inequalities, little hope for a better future*

- *ethnic and religious conflicts, terror*
  - *unstable political situation, fourth government since independence*
- *implications for Nigeria*
  - *the old stay behind → difficult demographic development*
  - *brain drain*
  - *exodus of work force*
- *reasons for immigrating to the USA*
  - *hope for a better future, job, education*
  - *American Dream*
  - *English is official language in Nigeria → no language barrier*
- *realities in the USA*
  - *large Nigerian communities → can assist newcomers*
  - *work or study permit is needed*
  - *often low-paid jobs*
  - *often dreams do not come true*
- *conclusion*
  - *summarize your findings*
  - *maybe suggest how the situation might develop in the future*

In a survey conducted by PEW Research Center in 2018, 45 % of Nigerian adults say they plan to move to another country within five years. 28 % of them intend to move to the USA. What are the push and pull factors behind these numbers? And what does it mean for a country, if about every second grown-up wants to turn their back on their home country?

introduction: reference to survey and task

Let us look at the push factors first. The economic situation in Nigeria is difficult. Though the country is rich in oil, its wealth is unevenly spread, and a lot of the profit goes to international firms and to corrupt business people and politicians. Therefore, social inequalities in Nigeria are considerable and lead to even greater inequalities in access to health care and education. Other important aspects are ethnic and religious conflicts within the country. This is particularly so in North East Nigeria where people live in fear of terrorist attacks by Boko Haram. As a consequence of these factors, young adults in particular do not see a future in their own country and hope for a better life abroad, for instance in the USA.

main part:
push factors:
corruption
social inequality
healthcare
education
terrorism

To many, the USA is still the land of the free, where all dreams may come true if they are just willing to work hard enough. As there are large Nigerian communities within the USA, newcomers may hope for assistance and guidance. Young people often want to go to university in America and as English is the official language spoken in Nigeria, there is no language barrier to be overcome.

pull factors:
American Dream
Nigerian communities
language

However, the reality is often crueller. Without a work or study permit, immigrants mostly get low-paid jobs and as Black people still face racism in the USA, the situation for Nigerians is often difficult and hopes are quickly shattered.

reality:
low-paid jobs
racism

The implications for Nigeria itself are damaging, too. A substantial number of people emigrating means an exodus of work force and of educated people. Both are needed in Nigeria, as they are in every other country. Also, the effect on the demographic situation is a problem because mostly young adults aim to leave their country, leaving behind the old and very young. Who is to renew a country, if the strong and motivated leave?

implications for Nigeria:
loss of work force
brain drain
demographic situation

As can be seen, the figures from the survey have massive implications for all people involved and the Nigerian government would be well-advised to try and keep their inhabitants in their own country. Fighting corruption and seeing to better chances for their own people would be a step in the right direction.

conclusion

(422 words)

3.2. *You have to write a personal letter, which Maryam wants to send to a childhood friend back in Nigeria. Her friend is called Abike, a girl's name. In the letter you have to focus on Maryam's feelings about her return to Nigeria and on her hopes and fears for the future. You should read the excerpt from the novel again as well as your findings in tasks one and two to come up with some reasonable ideas.*

- *greeting*
- *introduction*
  - *reason for writing*
  - *current situation*
- *Maryam's feelings about her return to Nigeria, e. g.*
  - *shame → returns empty handed*
  - *worried → what will become of her, what will people think*
  - *angry → spent money on forged passport*
  - *happy → see her family and friends again*
  - *relieved → leave Immigration Detention Centre*
- *hopes for the future, e. g.*
  - *find a job, e. g. Nigerian film industry*
  - *help her mother*
  - *support her brothers*
  - *save money and return to London*
  - *write to Ronke to ask for help*
- *fears for the future, e. g.*
  - *mother has another hungry mouth to feed*
  - *no job, no money, no hope*
  - *be laughed at by others because of her failure abroad*

– *ending, e. g.*
  - *ask Abike for help*
  - *ask Abike to meet her at the airport*
  - *closing and name*

greeting

Dear Abike,

introduction: Maryam's situation

It's been a long time since I last wrote to you. I was very absorbed by my life in London but right now I've got some time to reflect on what has happened and what the future may bring. I'm sitting here in the Immigration Detention Centre. Yes, you've read correctly. I've been caught with a forged passport, when I tried to make my way to America. Now they're sending me back to Nigeria.

main part: feelings

what happened to her

Oh Abike, I feel so ashamed. I'm sure our friends have made it in Lagos – just like you –, while I was trying to study in London. Everything was going really well for a while, but after Mom's problems with her business (I'm sure you've heard about it) she couldn't send me any more money. So, I had to drop out of university and lost my study permit. I tried to survive by doing odd jobs and then I had the idea to go to America to become a model. Yeah, I know I'm not that tall but then, Kate Moss isn't either.

fears

hopes for the future

Anyway, my mom will be so disappointed. All that money she sent me and now this. I don't want to be another hungry mouth for her to feed. I need to find a job in Lagos and earn enough money for myself. Maybe I can even help my mom and my brothers. We'll see. I thought I might try to get a small role in a film. That would be a bit like modelling after all. Or perhaps I could work as a film make-up artist. At least I've got some experience as beauty consultant. But right now, I'd do anything to be able to forget my failure. Do you know of any job offers? Waitress, hairdresser, checkout girl, I'd do virtually anything. Really. If I manage to save some money, I can still try to immigrate to the USA. A friend of mine, Ronke, is there and I'm sure she would help me, if I just could make it there.

fears for the future

What do you think, Abike? Will people laugh at me or point their fingers at me? I hope not. I think it would really help me if I saw a friendly face at the airport. Do you think you could come and pick me up? I don't want to face our neighbours alone. And we have so much to catch up on.

closing

Well, at least I'm looking forward to seeing you and my family again. And then I'll figure things out. You know I'm a fighter, don't you? In that respect I haven't changed a lot, but I think I've learned a lesson or two about trusting people and getting my hopes too high.

So, I hope to see you soon. salutation
Love,
Maryam *(466 words)* name

Teil B: Sprachmittlung (isoliert)

4. *In der Mediationsaufgabe sollen Sie eine E-Mail an eine befreundete Person aus den USA schreiben, um über die Situation junger Menschen in armen Familien in Deutschland Auskunft zu geben. Neben der allgemeinen Situation geht es um Probleme und um Vorschläge, wie deren Lage verbessert werden könnte. Da es sich um eine E-Mail im privaten Kontext handelt, darf der Stil eher umgangssprachlich sein, wobei das Vokabular durch den Inhalt geprägt ist. Kulturspezifische Begriffe wie „Bildungs- und Teilhabepaket" oder „Hartz IV" müssen erklärt oder umschrieben werden, auch wenn Sie sich hier an eine Person wenden, die Deutschland von einem Schüleraustausch kennt.*
   - *Ansprache: Hi, Hey, Dear …*
   - *Einleitung: Bezug zum Kontext, Anlass für die Mail*
   - *Situation junger Menschen in armen Familien*
     - *2 Millionen Kinder und Jugendliche in Familien mit Hartz IV*
     - *wenige studieren*
     - *Nebenjob lohnt sich nicht, weil alles über 100 Euro zu 80 % abgezogen wird → arme Jugendliche können ihre Lage nicht aus eigener Kraft verbessern*
   - *Probleme*
     - *fehlende Teilhabe, z. B. Führerschein, Abschlussfahrt, Musikunterricht*
     - *komplizierte Anträge für Bildungs- und Teilhabepaket*
     - *Existenzangst → schlechte Ausgangslage für glückliches und erfolgreiches Leben*
   - *Verbesserungsvorschläge*
     - *Schüler*innen sollten länger gemeinsam zur Schule gehen, keine Trennung bereits nach Klasse 4, mehr individuelle schulische Unterstützung*
     - *Hartz-IV-Satz muss mehr zusätzliche Kosten einrechnen, z. B. Umzug, eigene Möbel, Bücher, Musikunterricht → junge Menschen müssen sich ausprobieren können*
     - *Existenzängste nehmen*
   - *Schlusssatz*
   - *Grußformel, Name*

Hi Josh, greeting

How are you? How is your family? I hope everybody is well. So, you are working on an interesting school project there and of course I can fill you in with some information on the situation in Germany. I've found an interesting article about a young student from a poor family and here is what it says. reference to task reference to article situation, problems

In Germany about 2 million children and youths live in families on welfare and only few of them go to university. For them it is difficult to take part in activities that other young people easily do, like learning to play an instrument, go on a field trip or even taking their driving test. They could file for special benefits to do so but it is so complicated to fill in the forms that only about 15 percent of the kids really benefit from that possibility. They cannot really earn money themselves because the money they earn is set against the money their parents get from the state. Can you imagine? They don't stand any chance of improving their situation themselves. If they earn more than 100 Euro, their parents' welfare will be reduced considerably.

suggestions

In the article I read, the student concerned suggests that students remain together much longer at the same school. I'm sure you remember that German students are separated according to their achievements into different secondary schools at the age of 10. She demands that pupils get better and more individual support to be successful at school. She also suggests that welfare must include money for more special needs, like when a young person leaves their parents' home to live for example in a students' flat. They need money for furniture, to pay the deposit for the flat and so on. She emphasizes that kids need to be able to try out different things like sports or playing an instrument. If they are always worrying about money for basic needs, they can be neither happy nor successful.

ending

I hope this information is useful for your project. If you need more help, just write again. I for one have just realized how lucky we both are to have been able to spend a year abroad. I'm sure teenagers from poor families couldn't afford to do that.

greetings

Say hello to everyone and good luck with your project.

Bye,
Lennart

(390 words)

Abiturprüfung NRW – Englisch 2021
Grundkurs: Aufgabe 2

Teil A: Leseverstehen und Schreiben (integriert) — Inhalt 42 P. / Sprache 63 P.

Aufgabenstellung — Punkte

1. Outline the initiative by Rene Germain and Adesuwa Ajayi and the insights it has provided. *(Comprehension)* — 12

2. Analyse how the authors present their views on the current situation of Black employees in the UK. Focus on communicative strategies and use of language. *(Analysis)* — 16

3. Choose **one** of the following tasks: — 14

3.1 As a reaction to the *Black Lives Matter* protests against racism across the USA, former President Barack Obama said in June 2020 that "this moment can be a real turning point in our nation's long journey to live up to our highest ideals." Discuss this statement referring to work done in class on American myths and realities. *(Evaluation: comment)*

Quote from: Barack Obama, "How to Make this Moment the Turning Point for Real Change", 1 June 2020. https://obama.medium.com/how-to-make-this-moment-the-turning-point-for-real-change-9fa209806067 (Zugriff: 17. 10. 2020)

3.2 You are a British student living in London. Reading the article has made you wonder whether the situation at British workplaces presented in it reflects the current state of Britain as a multicultural society. Write a letter to the editor expressing your opinion on that question. *(Evaluation: re-creation of text)*

Text:
Rene Germain and Adesuwa Ajayi, *Black Lives Matter – Unless You're Black in the Workplace*

The authors Rene Germain and Adesuwa Ajayi are two Black women living in the UK.

The murder of George Floyd in the US and the resulting Black Lives Matter protests taking place globally have led many organisations to express their support for the Black Lives Matter movement and their Black employees, and making generous donations to Black organisations. However, this new apparent solidarity with the Black community is rather surprising, especially to their Black employees who are used to dealing with racism and micro-aggressions every day.

It's ironic to see companies who have failed to act on racism for so long, suddenly professing to care. Where is the solidarity when you pay us less than our white counterparts? Where is the solidarity when you fail to hire and promote us into senior leadership roles? Where is the solidarity when we report racist incidents and we are told to ignore it?

Numerous conversations have been happening online as company statements have been critiqued by current and former Black employees. As the two Black female founders of nine to five's, an online community for Black people in the workplace, we saw it as our duty to amplify and expand this conversation, so we created #blackintheoffice on twitter and asked Black employees to message us their experiences so we could share them anonymously. The response has been overwhelming, with many recommending the thread as essential line manager and senior leadership reading. Whilst it provides a much-needed raw insight into the Black British employee experience, it has also been heart-breaking to read.

Common trends we saw across the submissions included Black women being subjected to negative comments about their natural hair styles, weaves and wigs, with colleagues touching their hair and even attempting to remove wigs during work night out.

Many of those that got in touch with us said they found out upon leaving their jobs that they were being significantly underpaid, and being replaced with lesser qualified white people who were being paid more.

Others spoke of being labelled as "aggressive, pushy, sassy, negative", or being subject to inappropriate comments about drug use, gangs or slavery, and receiving no support from their peers or HR when reporting incidents.

And the submissions showed this issue isn't unique to one particular industry either. It happens everywhere, from law to banking, recruitment, fashion and luxury, beauty and cosmetics, charity, transport, aviation, education, property and construction, journalism and more. As suspected, there is no "safe industry" or "safe workplace" if you are Black.

Now more than ever, companies need to realise that talk is cheap and Black employees are tired. We are tired of the blanket statements and empty promises. We want to know of the specific actions you are going to take to create a safe environment for Black employees to thrive. We would like clear transparency and accountability around those actions. We would like to be spoken to as the Black community and not referred to as BAME or people of colour, because we are not a singular homogenous group. We want to be listened to and trust that we can report incidents without fear of retribution. We want to be paid fairly. We want to see more Black people in senior leadership, because we know they exist in our firms and externally, so why don't you hire or promote them?

Now is also the time to recognise the things that don't work. It simply isn't enough to just hire more Black people, not until you have taken the necessary steps to make your workplace more inclusive of them. Hiring a diversity and inclusion lead takes away from the fact that a diverse and inclusive workplace needs to be the responsibility of everyone. The unconscious bias trainings mask the ugly reality that much of the behaviours Black employees are subjected to are very conscious and calculated. "One size fit all" diversity and inclusion initiatives for "minority" employees don't address the unique issues those individual communities face.

Systemic racism is rife and the injustices that Black people are subjected to don't stop with police brutality. The way in which companies treat their Black employees is another type of injustice that needs to be acknowledged and addressed. It's time for companies to do better and take action. *(696 words)*

Rene Germain and Adesuwa Ajayi, "Black Lives Matter – Unless You're Black in the Workplace", in: HuffPost, 19 June 2020
https://www.huffingtonpost.co.uk/entry/black-workplace_uk_5eec85e8c5b6301a5b3d63e8?guccounter=1 (Zugriff: 14. 09. 2020)

Annotations

l. 18 *thread – here:* the compilation of tweets on a particular topic
l. 18 *line manager and senior leadership reading:* something people in superior managing positions should read
l. 27 *sassy – informal:* disrespectful
l. 29 *HR (Human Resources):* the department in a company responsible for staff-related issues, including hiring and training employees
l. 36 *blanket statements:* generalising statements
l. 40 *BAME (Black, Asian and Minority Ethnic):* term used in the UK to refer to people who are not white
l. 47 *diversity and inclusion lead:* person responsible for increasing diversity and equal participation in a company
l. 49 *unconscious bias training:* training to make people aware of unconscious prejudices

Teil B: Sprachmittlung (isoliert) — Inhalt 18 P. / Sprache 27 P.

Aufgabenstellung

4. Inspired by the *Black Lives Matter* movement, your former British exchange student has joined an international network that wants to raise awareness of racism in the world of work. She/He is interested in the situation in Germany. You have found the interview with Nursemin Sönmez.
   Write an email to your friend outlining what Ms Sönmez says about racial discrimination and what German companies can do to deal with it. *(Mediation)* 18

Text:
Stella Männer, ***Rassismus am Arbeitsplatz: „Kaum jemand sagt: Wir haben ein Rassismus-Problem“***

Nursemin Sönmez berät als Diversity- und Anti-Rassismus-Trainerin Unternehmen und Kultureinrichtungen. In den Wochen vor dem Interview waren mehrere rassistische Vorfälle in deutschen Großunternehmen bekannt geworden.

ZEIT ONLINE: Was sagt das über eine Unternehmenskultur aus, wenn solche Vorfälle [...] oder auch subtilere Formen der Diskriminierung passieren?

Sönmez: Ich glaube, es sagt mehr darüber aus, in welchem gesellschaftlichen Klima sich das Unternehmen befindet. Sprüche wie „Das darf man doch mal sagen dürfen“ oder „Nimm das doch nicht so ernst“ sind in Deutschland immer noch verbreitet. Aber natürlich sagt es auch etwas darüber aus, welche Leitbilder und Werte in diesem Unternehmen vermittelt werden. Und welches Betriebsklima gefördert und auf der Führungsebene vorgelebt wird.

ZEIT ONLINE: Sie geben als Diversity- und Anti-Rassismus-Trainerin Workshops und Beratungen in Unternehmen und Kultureinrichtungen, wann werden Sie gerufen?

Sönmez: [...] [Z]um Beispiel, wenn Organisationen merken, dass sie bestimmte Zielgruppen nicht erreichen. Wenn Menschen, denen ein anderer kultureller Hintergrund zugeschrieben wird, nicht im eigenen Personal vorkommen. Hier spielt auch der gesellschaftliche und politische Druck auf Unternehmen eine Rolle. Manchmal hat es aber auch ökonomische Gründe. Bestimmte Projekt- oder Fördertöpfe könnten leichter angezapft werden, wenn die Belegschaft eine gewisse Vielfalt und Internationalität präsentieren kann. Wenn es Vorfälle mit Klienten gibt, kommen Unternehmen besonders schnell.

ZEIT ONLINE: Sie bekommen keine Anrufe, weil Mitarbeiter andere diskriminiert haben?

Sönmez: Es ruft kaum jemand bei mir an und sagt: Wir haben in unserem Unternehmen ein Rassismus-Problem. Viele wollen ein allgemeines Diversity-Training. Meistens stellen sich die Probleme erst während des Workshops heraus. Wenn die Mitarbeiterinnen und Mitarbeiter ins Gespräch kommen, merken und benennen vor allem sensible und erfahrene Mitarbeiter oder Mitarbeiterinnen: Wir haben hier ein Problem mit Rassismus.

ZEIT ONLINE: Die meisten Menschen würden wahrscheinlich von sich behaupten, nicht rassistisch zu sein. Wie schaffen Sie es, dass solche Probleme von den Mitarbeitern selbst angesprochen werden?

Sönmez: Es gibt viele Übungen, mit denen man die Teilnehmerinnen und Teilnehmer für das Thema Diskriminierung sensibilisiert. Eine heißt zum Beispiel Identitätsmolekül. Da reflektieren wir, welche Identitäten jeder einzelne hat und welche Relevanz diese verschiedenen Identitäten in unterschiedlichen gesellschaftlichen Kontexten und Machtverhältnissen haben. Die Teilnehmerinnen und Teilnehmer erkennen von sich ausgehend, dass eine Person mehr ist als nur das Mitglied einer bestimmten Gruppe oder Community. In anderen Übungen geht es darum, zur Reflexion anzuregen: Mit welchen Stereotypen und Vorurteilen bin ich selbst behaftet? Und wie prägen diese mein Handeln im Arbeitsleben?

ZEIT ONLINE: Kommt es vor, dass sich Teilnehmerinnen und Teilnehmer Ihrer Workshops angegriffen fühlen, wenn ihr Verhalten kritisiert wird?

Sönmez: Wenn es in weißen Organisationen um die Personalauswahl geht, ist es Standard, dass sich die Teilnehmerinnen und Teilnehmer angegriffen fühlen und argumentieren, dass es ein Zufall sei, dass ihr Team weiß ist. Sätze wie „Die bewerben sich ja nicht“ oder „Die haben ja nicht die gleichen Kompetenzen“ fallen oft.

ZEIT ONLINE: Gibt es bestimmte Branchen, in denen Rassismus am Arbeitsplatz weiter verbreitet ist als in anderen?

Sönmez: Nein. Die Form, wie rassistische Diskriminierung auftritt, ist unterschiedlich, aber nicht, dass sie auftritt. Rassistische Denkmuster sind in der bürgerlichen Mitte vorhanden, die Arbeitswelt bleibt deshalb nicht davon verschont. Aufgrund von Hierarchien und Abhängigkeiten tritt Diskriminierung hier noch verstärkter auf.

ZEIT ONLINE: Was sollten Führungskräfte tun, wenn es zu einem rassistischen Vorfall im Betrieb kommt?

Sönmez: Wichtig ist, die rechtlichen Konsequenzen, die es gibt, auch zu nutzen. Das Allgemeine Gleichbehandlungsgesetz verpflichtet Arbeitgeberinnen dazu, ihre Mitarbeiter vor Diskriminierung zu schützen. Deshalb sollten sie prüfen, ob Sanktionsmöglichkeiten wie eine Abmahnung oder eine Kündigung angemessen sind. Außerdem sollten sie sich klar zu Anti-Rassismus bekennen und kommunizieren: Rassismus hat bei uns keinen Platz. Das Wort Rassismus sollte dabei in den Mund genommen und benannt werden. Wichtig ist auch, den Vorfall nicht als Einzelfall abzutun. Insbesondere die Leitungsebene sollte sich fragen, warum es zu diesem Vorfall kommen konnte und warum keiner eingeschritten ist. Braucht das Team vielleicht einen Workshop oder eine professionelle Begleitung? Parallel sollte man die von Rassismus betroffene Person unterstützen. *(599 Wörter)*

Stella Männer, „Rassismus am Arbeitsplatz: ‚Kaum jemand sagt: Wir haben ein Rassismus-Problem‘“, in: ZEIT ONLINE, 14. August 2019
https://www.zeit.de/arbeit/2019-08/rassismus-arbeitsplatz-diskriminierung-vorgesetzte-fuehrungskraefte

Lösungsvorschläge

Teil A: Leseverstehen und Schreiben (integriert)

1. *The given article is about the initiative #blackintheoffice started by Rene Germain and Adesuwa Ajayi. In this task you need to present both the initiative (who started it, how does it work and what are the aims) and the findings uncovered by this initiative.*
   - *the initiative #blackintheoffice*
     - *started by the authors of the article*
     - *don't believe in the solidarity companies expressed verbally in response to the Black Lives Matter movement*
     - *asked Black* employees to share their experience at work on twitter*
     - *authors share the posts anonymously with wider readership*
     - *provides insight into everyday experience of Black people at their workplace*
   - *findings*
     - *systemic racism, injustices and micro-aggressions take place daily*
     - *widespread problem*
     - *in different industries → no safe workplace for Black employees*
     - *employees are fed up*
     - *specific actions need to be taken*
     - *more individual approach is asked for*
     - *actions so far were ineffective*

   ** The words "Black" and "White" are written in capital letters to signal that they are not natural categories but social ones (for more background information on this topic see e. g. https://www.theatlantic.com/ideas/archive/2020/06/time-to-capitalize-blackand-white/613159/).*

The article "Black Lives Matter – Unless You're Black in the Workplace" by Rene Germain and Adesuwa Ajayi published on 19 June 2020 in the *Huffington Post* is about an initiative that gives Black employees in the UK the chance to make their experiences at their workplace public. — **introduction:** reference to article

The two authors started the initiative #blackintheoffice because they did not believe in the solidarity companies expressed verbally in response to the Black Lives Matter movement. They asked Black employees to share their experiences at work with them. The authors then share these posts anonymously with a wider readership on twitter to provide insight in the everyday experience of Black employees at their workplace. — the initiative

They show that Black employees face systemic racism, injustices and micro-aggressions on a daily basis at work. The huge — insights provided participation in #blackintheoffice underlines that it is a widespread problem in all industries; there is no safe workspace for Black employees. Black people are fed up with this situation because actions taken so far are ineffective. The authors demand more specific actions and a more individual approach.

(176 words)

2. *In the second task you need to analyse how the authors manage to bring their point of view across. In doing so you need to focus on communicative strategies and the use of language.*
   - *companies pretend to care but do not take any effective actions*
     - *sarcasm (headline)*
     - *choice of words: "ironic" (l. 7), "professing to care" (l. 8)*
     - *use of pronouns and possessive determiners, e. g. "you" (ll. 8/9), "us" (ll. 8/9), "we" (l. 10) → direct address, two opposing groups, "we" against "them"*
   - *first-hand experience → gain credibility*
     - *reports from people affected themselves (cf. l. 16)*
     - *choice of words: "heart-breaking" (l. 20)*
     - *numerous examples, stressed by enumerations (cf. ll. 22, 27–29)*
     - *parallelism: White people are "lesser qualified" but "paid more" (ll. 25/26)*
   - *no safe industries → show the scope of the problem*
     - *extensive enumeration (cf. ll. 31–33)*
     - *choice of words: "As suspected" (l. 33) → findings are not surprising*
   - *demands*
     - *extensive enumeration of demands (cf. ll. 36–43)*
     - *pronoun "we" → anaphora (cf. ll. 36–43)*
     - *parallelism "be spoken to as the Black community and not referred to as BAME" (ll. 39/40)*
     - *direct address (cf. ll. 43/44)*

The authors of the article denounce everyday racism Black people face at their workplace and make a number of demands to change that situation. To underline their position, they make use of different communicative strategies and language, e. g. choice of words and stylistic devices.

introduction: reference to task thesis

They criticize companies for supporting Black Lives Matter verbally and financially but not changing the situation in their own companies. This criticism becomes obvious in the headline, which reads "Black Lives Matter – Unless You're Black in the Workplace" and is very sarcastic. The sarcasm is also prominent in the choice of words, when they say that it is "ironic to see

main part: criticism of companies → sarcasm → choice of words

companies who have failed to act on racism for so long, suddenly professing to care" (ll. 7/8). The word "professing" in particular makes it clear that the actions are only make-believe. An enumeration of rhetorical questions (cf. ll. 8–11) further stressed by the anaphora "[w]here is the solidarity" (ll. 8–10) indicates that this solidarity is missing when specific action is asked for. The use of personal pronouns and possessive determiners in these lines emphasizes that Black employees and their bosses are not on the same side in this. From the point of view of the authors it is "we" (e. g. l. 10), the employees, against "you" (e. g. l. 8), the employers.

→ enumeration, rhetorical questions, anaphora
→ pronouns, determiners

The authors gain credibility because they report from first-hand experiences. These are gained from reports by people affected themselves (cf. l. 16). The evaluative adjective "heart-breaking" (l. 20) underlines that these experiences affect the people deeply and should also affect the readers.

experiences
→ adjective

The scope of the problem is underlined by the number of examples given (cf. ll. 21–29). Enumerations like those in line 22 and lines 27–29 stress the extent of the "racism and micro-aggressions" (l. 6) even further.

scope of the problem
→ examples
→ enumerations

But it is not only the number of examples but also the range of industries involved that emphasize the extent of the problem. In lines 31–33 there are more than ten different industries enumerated. The words "[a]s suspected" (l. 33) show that at least to Black people these findings are not surprising, which again shows how deeply rooted the problem is.

range of industries
→ enumeration
→ choice of words

Finally, the authors voice their demands clearly. They use extensive enumeration (cf. ll. 36–43) to give weight to their demands. These demands are further stressed by the use of anaphora. Each sentence starts with the pronoun "we", emphasizing again the opposition between Black employees and their mostly White employers. Also, the employers are addressed directly in lines 43/44 to provoke them into taking action. One demand is further supported by the use of parallelism when the authors ask to "be spoken to as the Black community and not referred to as BAME" (ll. 39/40) to show that individual measures are needed. Expressions in quotation marks (cf. ll. 50/51) and the repetition of the words "diversity and inclusion" (l. 47 and l. 51) emphasize once more that "'[o]ne size fit all' diversity and inclusion initiatives for 'minority' employees don't address the unique issues those individual communities face" (ll. 50–52). The use of quotation marks in particular unmasks the attempts at diversity and inclusion as shallow and inadequate. In their

demands
→ enumeration
→ anaphora
→ direct address
→ parallelism
→ quotation marks
→ repetition

very last sentence, they state very clearly that it is "time for companies to do better and take action" (ll. 55/56).

All in all, the authors make their point very clear that action needs to be taken now. They do so by using for instance many stylistic devices, evaluative adjectives and numerous examples. **conclusion**

(597 words)

3.1 *Here the focus shifts from the UK to the US. You are given a quote by Barack Obama, which you need to explain and put into context before you express your view on the quotation. As you are asked to discuss it, you need to take into consideration arguments supporting and shattering Obama's hope. To support the arguments, you should refer to your knowledge on American myths and realities.*

- *introduction*
  - *present the quotation, explain it and put it in its context*
  - *present your thesis*
- *main part*
  - *arguments supporting Obama*
    - *people from all walks of life and all ethnicities come together in the BLM movement → need for equality is widely recognized*
    - *Black people can look back on some major changes since the civil rights movement, e. g. Obama first Black president*
    - *reference to the American Dream, also dreamt by Black people*
  - *arguments opposing Obama's view*
    - *racial bias in the criminal justice system; police brutality, e. g. killing of George Floyd*
    - *Black people are still discriminated against, e. g. at workplaces*
    - *nationalist politics are successful, e. g. Donald Trump as successor of Obama → the nation has become more divided again*
    - *violence committed in the wake of the demonstrations reinforce prejudice*
- *conclusion (one or more of the following)*
  - *balance the pros and cons and come to a conclusion*
  - *present measures that would ensure more equality*
  - *predict what might happen during Joe Biden's presidency*

In June 2020 former President Barack Obama said that "this moment can be a real turning point in our nation's long journey to live up to our highest ideals". He said this referring to the Black Lives Matter protests against racism across the USA. Obama expresses high hopes that true equality for all races could finally become a reality. There are, however, reasons to both support and oppose his optimism. **introduction:** reference to quote and task thesis

The Black Lives Matter protests have been supported by people from all walks of life and from all ethnicities. This shows that the problem has reached a wide level of awareness and that **main part: pros:** awareness many people do not only see racial inequality but are also willing to stand up and fight against it. This is one important prerequisite for real and lasting change.

Also, Black people have already come a long way since the civil rights movement, which becomes evident when considering that Barack Obama was the first Black president of the USA and was re-elected to serve a second term. There are also other prominent Black people and people of colour present in politics and culture, e. g. Kamala Harris, the current vice president. achievements

The concept of the American Dream, that everyone can make it in the USA if they work hard enough, is a concept which is also accepted by many Black people. Successful singers, sportspeople or actors are living proof that America is the land of unlimited possibilities. American Dream

However, these relatively few success stories must not hide the fact that inequalities are still far too big and are getting even bigger again. Under Donald Trump's presidency the nation has become more divided. White supremacists and nationalists rally against all kind of attempts to gain more equality. **cons:** inequalities

The racial bias in the American criminal justice system still exists. Far too many Black people are imprisoned. Police brutality against Black people happens on a daily basis, the killing of George Floyd being only one prominent example that made the news. criminal justice system

Telling Black people how far they have come since slavery or even since the civil rights movement must not imply that they should be satisfied with what they have accomplished because they still have a long way to go till they achieve true equality, which is supported by the content of the two previous paragraphs. As long as full equality is not achieved, they cannot be satisfied because it means being satisfied with being considered second class. full equality has not been achieved

To make the current situation a real turning point, the USA needs politicians and people in the criminal justice system, who are willing and able to make structural changes because we are not talking about the problem of some single individuals but about systemic discrimination. The Black Lives Matter movement can raise awareness and keep it up but decisions are made elsewhere and it is these decisions that really make a difference in the end. **conclusion:** what needs to be done

(482 words)

3.2. *In this more creative task, you have to write a letter to the editor. Keep in mind that the editor is not the author of the article and follow the typical structure of such a letter. Also stick to the role you are given, that is the one of a British student in London. As you are asked to evaluate whether the situation at British workplaces as it is presented in the article reflects the state of Britain as a multicultural society in general, you need to summarize what the situation at workplaces is like. Then you need to come up with examples from other spheres of life, such as education, culture, politics or everyday life to show whether the situation for Black people or people from other ethnicities is comparable.*

- *name the article you are referring to*
- *briefly summarize the situation for Black people at their workplaces*
  - *Black people face everyday racism, systemic racism and injustices*
- *state whether the problem exists outside workplaces*
- *give examples supporting your view, e. g.*
  - *everyday racism, e. g. comments in the street, at school, in pubs, etc.*
  - *ethnic minorities still underrepresented in many areas, e. g. law, politics, media → their view is not represented*
  - *Brexit shows strong nationalist tendencies → implies a negative attitude to other ethnicities*
- *conclusion, e. g.*
  - *summarize your findings and your own point of view*
  - *point out necessary changes*
  - *predict how British society might develop in the future*

June 20, 2020 — date

Sir or Madam, — address

In their article "Black Lives Matter – Unless You're Black in the Workplace" Rene Germain and Adesuwa Ajayi point out that Black people face everyday racism as well as structural racism and injustices at their workplaces on a regular basis. I am afraid the same can be said about other spheres of life and results in a very bleak picture of Britain as a multicultural society.

introduction: reference to article

opinion

Black people face the same problems that they are confronted with at work outside the office. They hear the same comments about their hair, they face the same prejudice when they use public transport, go shopping, play in the schoolground or have a beer in a pub. They have more problems finding a place to live or getting loans from a bank. Often the prejudice is subtle but often enough people are quite frank about it.

main part: racism outside work

Brexit has shown strong nationalist tendencies in our country and this general mood within society makes it easier for people to say things they might not have said aloud some time ago. Everyday racism, for example in social media, has reached a

Brexit: nationalist tendencies

social media

stage which has led English football players and clubs to boycott social media to protest against that form of racism.

Not only Black people but ethnic minorities in general are underrepresented in politics, in law, in culture and in the media, which means that their view is underrepresented and therefore more easily neglected. To my mind, it would be an important step in fighting racism to have the different ethnicities represented more equally in all walks of life to give them a voice and influence. minorities underrepresented in all walks of life

I am convinced that we all must fight racism more determinedly wherever we face or witness it. White people, who might not be affected directly, should stand up against it because we all need to fight for the society we want to live in and I for one want it to be a tolerant and open-minded one. **conclusion**

Yours faithfully, closing
Alisha Williams *(335 words)* name

Teil B: Sprachmittlung (isoliert)

4. *In der Mediationsaufgabe sollen Sie eine E-Mail an einen ehemaligen Austauschschüler bzw. eine Austauschschülerin aus Großbritannien schreiben, der bzw. die zum Thema Rassismus am Arbeitsplatz recherchiert und von Ihnen etwas über die Situation in Deutschland erfahren möchte. Fassen Sie in der E-Mail zusammen, was im Interview über rassistische Diskriminierung in der Arbeitswelt gesagt wird und darüber, wie deutsche Unternehmen ihr begegnen können. Lassen Sie sich nicht davon irritieren, dass die Informationen an wenigen Stellen gebündelt im Text zu finden sind.*
   - *Anrede*
   - *einleitender Satz*
   - *Informationen zu rassistischer Diskriminierung am Arbeitsplatz:*
     - *rassistische Vorfälle sind weit verbreitet → das gesellschaftliche Klima lässt dies zu*
     - *rassistische Denkmuster sind Teil der bürgerlichen Mitte und damit auch in der Arbeitswelt verbreitet*
     - *implizite und nicht reflektierte Vorurteile*
     - *Hierarchien und Abhängigkeiten verstärken Tendenz zu Diskriminierung*
   - *mögliche Reaktionen der Unternehmen:*
     - *rechtliche Konsequenzen nutzen → Sanktionen, z. B. Abmahnung, Kündigung*
     - *Mitarbeiter*innen vor Diskriminierung schützen → Allgemeines Gleichbehandlungsgesetz*

- *antirassistische Haltung deutlich kommunizieren; Rassismus deutlich benennen*
- *Vorfälle nicht als Einzelfälle abtun*
- *hinterfragen, wieso es in dem Unternehmen dazu kommen kann*
- *professionelle Begleitung ermöglichen*
- *Betroffene unterstützen*

– *Abschluss: erneuter Bezug zum Anlass der Mail, evtl. persönliche Worte, Grußformel, Name*

Dear Sam, — greeting

introductory sentences

Thank you for texting me. It is always great to hear from you. Working for an international network must be very interesting, I guess. Of course, I'd like to help you with your project, and I've found an interview online that might prove helpful for you. Let me outline what it says on the topic of racism at German workplaces.

main part: racial discrimination in German companies

According to Nursemin Sönmez, an anti-racism trainer who works with different companies, racist incidents are widespread because racist thought patterns are still socially accepted and can therefore also be found at workplaces. Implicit prejudices which are not reflected are omnipresent and the fact that enterprises are often hierarchically structured aggravates the problem of racial discrimination.

measures

Ms Sönmez also presents possible measures companies can take. She says that discrimination must be sanctioned very consistently within the legal framework. Employees have a right by law to be protected from discrimination. Employers should make their attitude towards racism very clear and call things by their name. They must explore the roots of racism in their company. If necessary, they should get professional assistance to deal with racism in their company. Incidents must not be downplayed as individual cases and the people affected must be supported.

closing

As you can see, the problem is present in German workplaces, too, but at least there are some ideas about how to cope with it.

I hope the information proves to be interesting for you. If there is anything else I can do for you, just let me know. By the way, my parents say hello. They really loved having you here.

Take care and text me again soon.

Yours,
Lilli — name

(275 words)

Abiturprüfung NRW – Englisch 2022
Grundkurs

Um Ihnen die Prüfung 2022 schnellstmöglich zur Verfügung stellen zu können, bringen wir sie in digitaler Form heraus.

Sobald die Original-Prüfungsaufgaben 2022 freigegeben sind, können sie als PDF auf der Plattform **MyStark** heruntergeladen werden (Zugangscode vgl. Farbseiten vorne im Buch).

Prüfung 2022

www.stark-verlag.de/mystark